Hamdi Srioui

Comprendre et Eduquer son Enfant de 0 à 6 ans

Psychologie Première

A mon Guide, philosophe de mes pas,
A mon Ange Gardien, essence du sacrifice,
A mon Frère d'Arme qui ne m'a jamais failli,
A l'Ame Pure sans qui tout cela ne serait que rêve.

A ma Mère qui a consacré sa vie à mon éducation,
A mon Père qui a fait naître le rêve.

Table des Matières

1. Introduction

Comme vous tous, j'ai été forcé de plonger dans la psychologie de l'enfant quand j'ai eu mon premier garçon. J'avais alors parcouru la littérature existante à la recherche d'explications et de conseils, sans succès.

Fasciné depuis un certain temps par le « pourquoi » de toute chose, j'ai été surpris et déçu de découvrir que tous les modèles existants n'apportent pas une réponse claire aux nombreux « pourquoi », sans se référer à la psychanalyse, pseudoscience fermée et dépassée.

J'ai donc cherché les fondements de la psyché humaine ; comment elle évolue au fil du temps et par quoi elle commence ?

Quels sont les principaux processus qui la régissent et surtout qu'est ce qui nous pousse et pousse nos enfants à agir tous les jours ?

C'est ainsi que j'ai découvert que l'Ego+ constitue la première pièce du puzzle et que la Peur est le processus le plus crucial dans la psyché humaine. L'interaction de ces deux éléments donne la Balance du gentil/méchant.

Lorsque j'ai analysé le comportement des enfants gâtés, j'ai découvert le moteur secondaire des rêves et surtout comment le déclencher dès le jeune âge.

Quant à la question des limites et des repères, si développée par d'autres auteurs, j'ai enfin découvert pourquoi on dit toujours « il n'a pas de repères, il est perdu, il en souffre ».

Je dois avouer que la question de l'agressivité gratuite m'a pris bien du temps à analyser pour enfin la faire remonter aux injustices subies, surtout par des proches.

Finalement, je n'ai pu m'abstenir de faire un détour par la sexualité, surtout que la théorie psychanalytique est prouvée fausse et dépassée.

Tout cela m'a amené à croire que l'enfant est complètement déterminé par son environnement dans ses jeunes années, qui auront une influence centrale sur le reste de son voyage.

Je vous laisse donc découvrir les autres sujets et processus au fil du livre, qui n'a pas la prétention d'être bien rédigé, vu que c'est un ingénieur qui en a construit les phrases et qu'il a choisi de ne pas le faire corriger par un professionnel.

Même s'il présente une nouvelle théorie psychologique, ce livre garde un important aspect pratique ; A quoi servent les modèles si on ne peut les utiliser pour comprendre et corriger les problèmes de nos enfants ?

J'ai pris comme exemple une famille typique de nos jours : un couple avec deux enfants, Théo, 5 ans, plutôt turbulent et casse coup et Thomas, un nouveau-né d'à peine quelques mois. La maman, une jeune femme, la petite trentaine, a dû arrêter de travailler pour s'occuper de ses enfants, surtout que Théo semble être un bon candidat à l'échec scolaire.

Alors que tout était bien parti avec Théo, elle avait lu et suivi les classiques à la lettre, mais quelques chose n'a pas marché au début et n'a jamais pu être corrigée, en tout cas jusqu'à aujourd'hui. Alors elle culpabilise et a peur que ça ne recommence avec Thomas.

A la maison, maman et papa font tout pour s'occuper de lui, lui offrir le meilleur : temps, habits, confort, nourritures variées et toutes les conneries généralistes et simplistes qu'on lit par-ci par-là. Mais le diagnostic des puéricultrices est clair : « Théo ne respecte rien, ni les adultes, ni ses semblables ni toute règle de vie collective » ; celui de la psy de la crèche confirme et semble donner une ébauche d'explication: « il n'a ni limites, ni repères et il en souffre, pauvre môme ».

Cet exemple servira comme guide surtout dans les premiers chapitres.

Pour les paresseux et ceux qui n'ont pas beaucoup de temps, j'ai introduit des encadrés dans chaque sous-chapitre et une page de synthèse à la fin de chaque partie.

2. Un Ego Méchant mais Indispensable

Dans cette partie, nous allons introduire l'Ego+ et ses dérivés qui sont à la base de tout être humain. Nous allons expliquer comment l'humain est naturellement programmé pour se servir en premier et sans limites. Nous finirons par analyser l'effet des doses supplémentaires d'égoïsme sur la psyché humaine et la différence entre la jalousie et l'envie qui en résultent.

Cette partie est le prérequis nécessaire pour la compréhension de ce qui pousse votre enfant à agir tous les jours.

2.1. Le Nourrisson Tyran

A la naissance de Théo, maman avait pris un long congé maternité pour s'occuper de lui à temps plein. Déjà tout petit, Théo n'était pas facile ; il faisait des caprices à répétition, même au bon milieu de la nuit.

Alors qu'il était propre, venait de manger et avait tout son confort, Théo continuait à pleurer jusqu'à ce qu'on le prenne dans les bras, coup classique vous me direz ! Et pourtant maman ne supportait pas de le laisser pleurer, surtout qu'elle a lu quelque part que ce n'était pas bien pour l'équilibre psychologique de son fils plus tard !

Imaginez la scène : maman suppliant Théo, âgé de six mois, de dormir et de la laisser enfin dormir ; elle a les yeux cernés et la voix fatiguée.

Croyez-vous que Théo ne le « ressent » pas ? Ne le perçoit pas ? Bien sûr que SI, mais quelque chose de puissant le pousse à agir de la sorte, sans se soucier de sa maman, un être qu'il chérira pourtant tout au long de sa vie.

Bien plus tard, quand maman est fatiguée et quasiment en pleure à force de répéter et de crier, avez-vous déjà vu un enfant dire : « **Là, maman est fatiguée, je ferai mon caprice plus tard** » ?! Bien sûr que NON. Ceci veut-il dire qu'il n'aime pas sa maman ?! Bien sûr que NON. Mais alors, qu'est ce qui le pousse à une attitude si odieuse ?

Vu que ça démarre au stade du nourrisson, bien avant tout apprentissage, ce qui le pousse est obligatoirement fourni de série à la naissance et fait partie de sa nature la plus profonde, nous l'appelons l'Ego.

2.2. Ego : Moi D'abord

On peut illustrer la préexistence de l'égoïsme chez l'humain avec beaucoup d'autres exemples, simplement observés dans les scènes de tous les jours, à la maison ou à l'école. Mais nous avons préféré commencé par ce constat un peu choquant par rapport au nourrisson, que beaucoup d'entre vous mesdames refuseront d'entendre parce que ça gâcherait vos souvenirs de fusion avec votre bébé. Désolé.

Penser d'abord à soi-même est naturel et légitime. C'est même indispensable.

Quand un être humain arrive au monde, il est autoprogrammé pour se servir d'abord. On appelle ça l'instinct, la nature ou la nature humaine ; on le justifie par la nécessité d'un développement initial prioritaire ou par le fait qu'il ne sait pas ce qu'il fait ; le fait observé est là. Je vous présente l'ancêtre de l'Egoïsme, le moteur primaire de tout humain. Nous l'avons baptisé Ego.

C'est donc par construction psychique initiale qu'un enfant pense d'abord à lui-même et on verra que ce n'est pas aussi négatif que ça en a l'air. Arrêtez-vous un instant et rappelez-vous les quelques moments où vous avez complètement baissé les bras et que vous n'avez plus envie de rien faire. Eh bien, sans ce moteur primaire, on en sera tous à ressentir la même chose, mais en permanence !!

Cet Ego n'est finalement pas si négatif que ça dans notre existence. Savoir qu'il est en chacun de nous et qu'il est livré en série sur tous les tempéraments, de naissance, nous permettra de mieux comprendre nos enfants, loin de toute considération morale sur la nature humaine.

2.3. Ego+ : Toujours Plus

Mais tant que nous y sommes, allons un peu plus loin dans ce concept d'Ego et imaginons la scène d'un enfant dans une salle de jeu ou même à la maison.

Au-delà de chercher à se servir en premier, devant tout le monde, sans se soucier des autres, j'ai été étonné par un autre comportement usuel qui consiste à tout amasser autour de soi, même s'il ne peut jouer avec autant de jouets en même temps.

L'humain en voudra toujours plus.
C'est dans son instinct le plus primaire.

J'ai ensuite testé la même chose avec la nourriture et un enfant d'à peine un an et demi, et là, pareil, l'enfant prendra des gâteaux autant que ses mains pourront prendre et il ira même jusqu'à les accumuler un peu plus loin, histoire de les cacher. Est-ce qu'il est conscient de son geste et veut les consommer plus tard ? La réponse est NON ; parce que cinq minutes après, il avait oublié son petit tas.

Pour moi cet épisode ne peut avoir fait l'objet de planification, mais c'est juste un comportement sur le moment, par construction !! L'enfant dira : « par principe, je prends tout pour moi et j'en demanderai toujours plus ». C'est pour ce « toujours plus » que nous avons ajouté un signe « + » à notre Ego pour devenir **Ego+**.

Et tenez-vous bien, ça ne changera pas tout au long de sa vie, égoïste ou pas, l'Ego+ reste une composante centrale dans la psyché de l'être humain.

2.4. Ego+ : Moteur primaire de l'être humain

Jusque-là nous avons été plutôt négatifs quant au fameux Ego+. Nous l'avons présenté comme tyran, profiteur et suffisant à lui-même. C'est vrai et c'est en chacun d'entre nous, à différentes doses.

L'Ego+ est le moteur primaire de toute âme humaine sur terre. **Il assure notre auto-préservation et nous pousse à agir**. Il est le garant de notre existence. L'Ego+ est un adepte de l'effort minimum, il nous poussera toujours vers les solutions faciles et immédiates, au-delà de toute considération morale.

C'est à la fois un compagnon indispensable de l'homme à titre individuel mais avec des doses supplémentaires, il devient son pire ennemi en collectivité. Par construction, l'Ego+ ne reconnait pas l'autre. Il est jaloux et veut tout pour lui. Donc, si rien ne vient le contrôler, nos sociétés finiront comme des jungles (soit dit en passant, on n'en est pas très loin aujourd'hui !!)

Sans notre Ego+, c'est la stagnation et la disparition qui nous attend. Je vous dis cela pour expliciter son importance. Lorsque l'homme veut posséder quelque chose, lorsqu'il veut améliorer son confort, lorsqu'il apprend et avance, tout ceci lui est dicté par son Ego+.

Cela dit, s'il vient à occuper tout ce que nous sommes, il nous perdra. Heureusement, la nature est bien faite et adore l'équilibre. Elle nous a donc fourni un frein à ce moteur primaire. On le verra par la suite. Mais voyons d'abord ce que ferait une dose supplémentaire d'Ego.

2.5. Ego2+ : Appelé communément « Egoïste »

Alors que l'Ego+ est fourni en série chez tous les humains, nous allons voir que les personnes que nous appelons communément des égoïstes ont une dose supplémentaire dans leur Ego+ et elle n'est surement pas naturelle. L'Ego+ fait partie de nous et n'est en aucun cas l'ennemie de la collectivité. Ce sont les degrés supérieurs qui le sont. Nous l'avons donc appelé l'Ego2+.

Toute dose supplémentaire d'Egoïsme n'est pas naturelle et ne peut être que le résultat d'une mauvaise éducation !!

Pour les déceler, focalisez-vous sur les détails. On peut le constater à table ou pendant une excursion ou un piquenique. L'Egoïste cherchera toujours à se servir en premier de peur qu'il n'en reste plus ; il privilégie sa propre satisfaction avant tous les autres, y compris sa famille. Nous en connaissons tous plusieurs.

Mais où est ce qu'ils ont choppé cette dose supplémentaire ? On a dit qu'elle n'est pas naturelle, elle ne peut donc venir que du vécu, de l'apprentissage et de la méthode d'éducation.

Comme on le verra ensemble plus loin lorsque j'introduirai les processus d'apprentissage, l'enfant apprend en se basant sur les résultats de ses expériences et essais. L'Ego+ sait bien comment ça marche et poussera toujours l'enfant à de nouvelles expériences et découvertes, et tout dépendra du taux de succès.

L'enfant vous poussera donc toujours à avoir plus de choses : jouets, bonbons, temps pour jouer, câlins… et ceci sans aucune limite. Si à chaque fois qu'il essaie d'obtenir une nouvelle chose, il y arrive, ceci lui donne une dose supplémentaire d'égoïsme, qui à son tour le poussera à demander plus.

En cédant facilement, les parents deviennent responsables de la fabrication d'un Ego2+.

Ce sont en effet ces petits succès acquis tous les jours, qui donnent plus de place à l'Ego+ en élargissant son espace d'influence dans la psyché de l'enfant, c'est ce qu'on appelle la dose supplémentaire d'Egoïsme.

Vous avez donc déjà remarqué que parce que vous avez facilement cédé sur des choses mineures que vous avez fabriqué un Egoïste qu'il sera de plus en plus difficile de corriger. Les parents sont en effet directement responsables de la fabrication d'un Egoïste, dont ils seront les premières victimes. On y reviendra plus tard.

Bien entendu, plusieurs d'entre nous cachent ce petit plus d'Ego bien au fond d'eux même, ne le laissant agir que pour les grandes causes et surtout le freiner pour les causes du quotidien, bien moins gratifiantes.

Comment les identifier ?

Vers les quatre ans, vous pouvez déjà savoir quel candidat vous avez à l'Ego2+. En effet, cette tendance se dégage assez rapidement dès que l'enfant est en collectivité. Si vous le voyez accumuler les jouets et surtout jouer seul, sans se soucier de la présence des autres, vous avez un bon spécimen à qui il faudra encore rappeler les bienfaits du partage. Après quatre ans, j'ai bien peur qu'il ne soit déjà un peu tard et la correction de trajectoire ne se fera pas sans efforts supplémentaires et punitions à répétition.

Si en plus de tout accumuler pour lui, il ne laisse pas jouer les autres, c'est déjà bien grave. J'en parle au prochain paragraphe.

L'Ego2+ bouscule mais n'agresse pas.
Ne le laissez pas se développer sinon
vous risquez d'être sa première victime.

Mais revenons à notre Ego2+. Nous avons tous une petite dose supplémentaire qui surgit de temps à autre, mais elle n'est pas permanente. J'appelle ceci l'Ego2+ qui bouscule.

Comprenons le terme « bousculer » dans son image la plus basique. Un Ego2+ vous bousculera pour avoir plus de jouets, pour se servir en premier. Plus tard, adulte, il cherchera d'abord sa promotion avant celle de son équipe. Il poussera, bousculera, blessera légèrement, mais quand il a ce qu'il cherche, il se calme.

Cette catégorie de personne n'est pas si dangereuse que cela pour la société, mais, avec plus de pouvoir, elle peut s'avérer redoutable.

Pour différentier avec ce qui va suivre, l'Ego2+ bouscule mais de détruit pas. Il joue, veux gagner, être premier, se servir en premier, mais une fois satisfait, il en laisse pour les autres. **Je dirais qu'il est jaloux, mais pas envieux.**

En famille, les parents les reconnaissent vite et font en sorte d'assurer une certaine justice pour que celui qui n'a pas un Ego2+ en lui ne soit pas lésé en permanence.

2.6. Ego3+ : Une race à part chez les humains

Celui qui prend et n'est jamais rassasié, celui qui bouscule et agresse pour être servi en premier et surtout, une fois servi, il ne laisse pas les autres se servir, une fois servi, il détruit ce qui reste, une fois servi, il détruit ce que les autres ont eu, une fois servi, il détruit celui qui l'a servi.

Ceux-là constituent une race à part entière chez les humains, ce sont les Ego3+. Ils ont bien sûr une énorme dose d'égoïsme, mais surtout beaucoup de dédain pour les autres, aucun respect et beaucoup de haine. Ils veulent asservir et humilier. Adultes, tout ce qui leur importe c'est de réaliser leurs objectifs, quitte à passer sur les cadavres des autres. Ils éprouvent généralement très peu d'émotions mais peuvent montrer le contraire.

Quand ils n'ont pas le pouvoir, ce sont des **champions de l'envie.** Ils se plaignent toujours de ne pas avoir ce qu'ils désirent et rejettent toujours la faute sur autrui. Bien entendu, les plus malins et hypocrites d'entre eux passent pour des victimes. Ce sont les pires ennemis de l'humanité.

Quand ils n'ont pas de pouvoir, ce sont des profiteurs et des arrivistes. Ils n'ont guère de souci que pour leur petite personne. S'ils vous trouvent un peu fort pour eux, ils passeront par les émotions. Ils n'hésiteront pas à vous manipuler en utilisant vos émotions.

Je ne vais donc pas vous décrire ce qu'ils feront avec un peu de pouvoir…

**Les Ego3+ sont les destructeurs de l'humanité.
Ils prennent tout et détruisent ce qui reste.
Corrigez les avant 4 ans, après, il sera trop tard.**

Attention à votre foyer de ce genre de spécimen, car si vous en engendrez un, vous en serez la première victime. Comment le déceler avant qu'il ne soit trop tard : **fixez son regard lors des punitions, aussi sévères soient elles. Si vous percevez de la haine**, il faut corriger sans tarder.

Pourquoi de la haine ? Parce qu'un Ego3+ n'a pas de place pour les autres dans sa psyché. Il est complètement dominé par son intérêt personnel et aurait préféré vivre seul dans ce bas monde, même s'il se reconnait incapable de survivre sans les autres. Ces autres qu'il considère plutôt comme ses objets, des moyens pour arriver à ses fins.

Comprendre la différence entre Jalousie et Envie est central pour saisir l'effet du surplus d'égoïsme chez les

Ego3+. Ces deux sentiments qui définissent un aspect important de notre relation aux autres ne sont pas de même nature. Il faut savoir les différentier pour bien identifier l'Ego3+.

2.7. Jalousie / Envie

La jalousie est un sentiment tout à fait naturel chez l'humain dès sa naissance. Il provient en partie de son Ego+, un peu comme un autre processus qui pousse l'humain à agir et à faire mieux que les autres. Même si on la décrit toujours comme négative, la jalousie n'est pas « méchante » en soi. Chez les enfants, elle peut être utilisée pour les pousser à faire mieux.

La jalousie bouscule, pousse et peut agresser. Mais une fois l'objectif ou l'objet obtenu, ça cesse. La personne arrive à un état d'équilibre ou ce sentiment est calmé, preuve qu'il n'est pas permanent.

L'envie commence par une grande dose d'égoïsme, mais est toujours accompagnée par un sentiment profond d'injustice. L'envie est en effet toujours corrélée avec de la haine. Alors que le jaloux ne déteste pas les autres, l'envieux lui, leur porte une grande haine.

Faites attention à la jalousie entre frères et sœurs au sein de la même famille. Le jaloux la décrirait comme une injustice. Bien entendu, il est toujours difficile d'être juste entre un égoïste et un non-égoïste, mais il faut tenir bon.

Reportez-vous à la dernière partie de ce livre pour découvrir l'origine de toute haine sur cette terre.

2.8. Synthèse

- Dès le stade de nourrisson, l'être humain montre des tendances à vouloir se servir ou être servi en premier, sans se soucier des autres. Penser à soi-même d'abord est naturel et légitime. C'est même indispensable.

- Non seulement l'humain cherchera toujours à se servir en premier, mais il en voudra toujours plus. C'est dans son instinct le plus primaire.

- L'Ego+ est le moteur primaire de tout humain dans ce bas monde. Ceci n'a rien de négatif en soi mais ça vient surement en contradiction avec toute vie en collectivité.

- Toute dose supplémentaire d'égoïsme n'est pas naturelle et ne peut être que le résultat d'une mauvaise éducation.

- En cédant facilement, les parents deviennent responsables de la fabrication d'un Ego2+.

- L'Ego2+ bouscule mais n'agresse pas. Ne le laissez pas encore prendre du champ sinon il se transformera en Ego3+ et vous en serez la première victime.

- Les Ego3+ sont les destructeurs de l'humanité. Ils prennent et détruisent ce qui reste. Vous en voyez l'embryon chez les enfants qui prennent tous les jouets, ne laissent personne les approcher et en plus vont empêcher les autres de jouer. Corrigez les avant 4 ans, après, il sera trop tard.

- La jalousie est naturelle et non négative en elle-même. Chez un Ego2+, qui possède un embryon de haine, elle se transforme vite en Envie.

3. Apprendre en Explorant et en Répétant

Maintenant que vous avez identifié le moteur principal de votre enfant, nous allons expliciter comment se forme sa personnalité et son expérience ; comment il interagit avec son environnement et comment il apprend par l'exploration et la répétition.

3.1. Une Recherche de Nouveauté Motrice

Observez un bébé laissé sans contraintes, vous verrez qu'il ira explorer son monde. Ceci va s'accentuer quand il apprendra à marcher et commencera à appréhender le sens de la liberté. Quelque chose en lui le pousse à le faire, sans objectif précis en tête. Il ne cherche pas à satisfaire un besoin immédiat (manger, jouer, interagir…), cette recherche est un besoin en soi.

Ce processus primaire de la personnalité humaine est tout à fait moteur et le restera, avec un peu de modération quand on grandit. J'avais initialement pensé que cette curiosité venait de notre moteur primaire Ego+, mais j'ai découvert qu'on peut explorer pour rassasier un certain besoin, mais il reste toujours une composante non rassasiée qui est la « recherche de nouveauté ». Cette recherche de nouveauté est parfaitement motrice en elle-même et n'est pas une conséquence de l'Ego+.

Le besoin d'explorer son environnement est une composante à part entière de notre psyché. Elle est Indépendante et Motrice.

Cette recherche de nouveauté est permanente chez nous. **C'est pour cela qu'on aime bien changer et qu'on se lasse vite.** Un cadeau de la nature pour qu'on avance et qu'on explore notre monde. Vous avez remarquez que je n'ai pas utilisé le terme « curiosité » qui contient une composante active. Nous aimons tous les nouvelles choses mais nous ne sommes pas tous curieux.

En effet, le mot curieux contient une importante composante d'action, c'est-à-dire que l'enfant bougera pour aller explorer, alors qu'un autre, ne bougera pas, mais adorera les nouveautés quand même.

3.2. Tâtonnement Cumulatif

Constamment poussé par son moteur principal et son envie d'exploration, un enfant ne possède aucun plan d'action pour découvrir son environnement direct. Il va donc procéder par **tâtonnement et apprentissage cumulatif**. Il essaie quelques chose, si ça marche (il a une récompense), il garde la méthode et passe à autre chose. Si ça ne marche pas, il essaie autre chose.

Il essaie, si ça marche, il répète, sinon il change. Ce processus simple et trivial structurera la psyché de votre enfant.

Un enfant avancera donc inexorablement tant qu'il ne se rend pas compte que ça marche pas ou que quelqu'un lui annonce un interdit, et ce, au-delà de toute considération morale. C'est un processus d'une logique implacable. Lorsqu'il trouve la méthode qui marche, il la garde mais cherchera aussi à l'améliorer. Lorsque ça ne marche pas, vous pouvez compter sur sa curiosité pour en découvrir une autre.

Je vous avouerai que la seule action qui semble être préprogrammée m'a complètement bluffé : c'est le fait qu'un nouveau-né grimpera instinctivement tout seul jusqu'au sein de sa mère !! Comme si cette action de survie est la seule nécessaire pour démarrer tout le processus… tout le reste est appris !!

Ce processus d'apprentissage par cumul d'expérience se répètera tout au long de la vie de l'être humain. Il peut devenir plus complexe avec l'âge mais son schéma basique restera le même : **on ne change pas une méthode qui gagne.**

Donc votre enfant est naturellement structuré pour explorer son environnement par tâtonnement cumulatif. Les résultats et les expériences acquises lors cet apprentissage sont toutes stockées dans sa mémoire.

3.3. Personnalité Stratigraphique

Vous avez tous entendu parler des différentes zones du cerveau ; chacune possède une fonction spécifique et un processus particulier qu'elle gère. Mais les dernières avancées de la neurologie viennent de montrer que le cerveau est « plastique », c'est-à-dire qu'une zone du cerveau peut changer de fonction.

Tout ce que nous vivons est imprimé dans notre mémoire ; stratigraphiquement.

Je ne vais pas faire un exposé en neurologie, mais j'essaie juste de vous prouver qu'on apprend tout au long de notre vie. Le processus d'apprentissage ne s'arrête jamais ; il devient bien plus complexe au fil du temps et des expériences. Il devient aussi moins malléable et nous avons beaucoup de mal à changer.

Je pense que tout ce que nous vivons, faisons et décidons est inscrit quelque part de notre mémoire qui n'oublie rien. C'est seulement le chemin pour y accéder qui est perdu parce que notre cerveau travaille maintenant dans une autre zone et que ses anciens chemins ont été coupés.

Le cerveau travaille en effet de **manière stratigraphique**, à l'image des couches géologiques. Ainsi, il est toujours très difficile d'accéder à sa mémoire lointaine.

Mais une fois qu'il a creusé quelque part, le cerveau y reviendra quasiment automatiquement, comme une descente forcée dans un ravin ; ce sont les habitudes. Ce chemin glissant est en effet un raccourci dessiné dans le cerveau qu'il est difficile d'éviter.

Les habitudes sont comme des ravins creusés dans le cerveau. Il est difficile de les changer. Alors corriger tant que c'est malléable.

Cela dit, pendant les premières années, tout est encore en chantier et ces chemins ne sont pas encore fortifiés par des années de répétitions. Ils sont donc plus faciles à modifier.

Donc, corriger tant qu'il est encore malléable !!

Mais comment peut-on agir sur ces chemins en formation, solidement supportés par l'Ego+ et la curiosité ?

3.4. Une Demande d'Explication

Revenons maintenant à nos observations et prenons cet exemple de la vie courante. Lorsque Théo s'approche d'un danger et que maman crie son NON, il se retourne un petit moment et ensuite fait un autre pas. Encore un NON et un nouveau pas.

Maman n'a pas arrêté de répéter que Théo est un vrai têtu, qu'il n'en faisait qu'à sa tête et que ça faisait longtemps que ses injonctions ne faisaient plus effet. Mais revenons à la première fois qu'il s'est retourné et fixons son regard : on suppose tous qu'on va lire de la défiance, c'est probablement le cas à partir du troisième NON, mais si vous fixez bien son regard et que vous laissez votre colère de côté, vous y verrez d'abord de l'**étonnement**.

Théo se demande en effet pourquoi on lui interdit de faire ça et attend une explication. Son deuxième pas est comme une **demande d'explication** que nous prenons toujours pour de la défiance. Il s'attend à ce qu'on lui dise « si tu touches à ça, tu vas te faire mal, te bruler, te blesser… » Et pourtant il fera son troisième pas et peut se faire mal.

Donc si vous ne donnez pas cette explication que l'enfant attend, il continuera simplement parce qu'il a pris l'habitude de suivre ce que lui disent son Ego+ et sa curiosité les deux premières années de sa vie. Arrivé en 3ème année et après tant de liberté et d'attention permanente, vous voulez changer les règles du jeu sans préavis ?? Même un enfant ne l'accepte pas.

Dans le cas d'un interdit déjà énoncé et expliqué, Théo cherchera à re-tester la règle. Donc à l'approche d'un danger déjà identifié, il attendra la confirmation de l'interdit. S'il n'entend pas le NON de maman, ça va l'étonner et il fera la bêtise quand même. C'est seulement après plusieurs répétitions que la règle est acquise. Si vous êtes fatigués et que vous ne faites pas l'effort de confirmer la règle, il en conclura qu'il peut tester toutes les autres.

3.5. Toujours Répéter la Règle

Tout apprentissage est assuré à un certain stade par la répétition et il en est de même pour les enfants. Vous devez ainsi répéter la règle et la faire respecter très régulièrement.

Toujours Confirmer la Règle sinon il en déduira qu'il peut Tester toutes les autres.

Si votre enfant fait une bêtise (selon votre propre définition) :

- D'abord assurez-vous qu'il comprend l'interdit,
- De temps en temps, laissez-le se faire un peu mal, ça forme la jeunesse et surtout, il voit que vous ne lui racontez pas de conneries,
- S'il ne répond pas, il faut le punir, il vous en remerciera peut être plus tard,
- Commencer par les privations de son Ego+, de certains de ses plaisirs,
- S'il ne répond pas, il faut l'isoler du groupe (famille, amis…),
- Et si ça ne marche pas encore, c'est donc la fessée,

- S'il ne craint pas la fessée, il faut qu'il vous craigne vous... je vous conseille de laisser papa se faire détester, il s'en remettra plus tard,
- Et rappelez-vous du bon vieux dicton « qui aime bien châtie bien », mais pas les cachots quand même !!

Vous aurez remarqué que la définition de la bêtise vous appartient entièrement. Ne vous laissez pas influencer par des définitions « du marché » car on n'a pas tous la même vision de la place de nos enfants dans notre vie, de ce qu'on leur veut pour plus tard...

3.6. L'Usure des Parents

Comme le sport favori des enfants est l'apprentissage permanent, ils vont finir par découvrir quelque chose de crucial concernant les interdits : ils dépendent de l'état de l'adulte qui les a énoncé ; Ils vont donc aussi s'essayer à la **répétition** : est-ce que la même action peut être interdite maintenant et passer inaperçue dans l'après-midi ?

On ne change pas une méthode qui gagne.
L'enfant n'hésitera pas à faire appel à l'USURE
de ses PARENTS s'il sait que ça marche.

Ayant découvert que l'efficacité de son action dépend de votre état psychique, il ne manquera pas de remarquer que vos émotions jouent un rôle important dans vos décisions. Comme vous ne lui avez pas encore inculqué une morale, il n'hésitera pas à **en abuser** jusqu'à ce que vous disiez STOP. Plus tard, quand il sera plus malin, il deviendra expert en manipulation émotionnelle de ses parents.

Tout ce qu'on vient de dire se passe plusieurs fois par jour et peut devenir épuisant. Si l'enfant devient têtu c'est qu'il a **trouvé une brèche**, surtout les jours ou il flaire des problèmes entre les parents ou qu'ils soient tous les deux fatigués. Rappelez-vous, on avait dit que son Egoïsme n'a pas de limites, que celles que vous lui avez inculquées. Dans la scène « ne fais pas ça », Théo ira toujours jusqu'au bout, il utilisera la technique préférée de toute sa vie : l'**USURE** et la clé de son apprentissage : On ne change pas une méthode qui marche.

Et surtout, qu'on ne nous dise pas qu'il n'en est pas conscient !!

3.7. Fermer les yeux de temps à autre

Fermer les yeux de temps à autre. Je pense que vous l'avez déjà fait et surtout ne culpabilisez pas. Faites-le :

**Fermer les yeux pour laisser du champ
à sa curiosité et pour vous reposer.**

- Pour vous reposer,
- Pour le laisser se faire un peu mal et comprendre que les règles sont faites pour le protéger,
- Attention, il ne faut pas qu'il se rende compte que vous l'avez vu faire la bêtise,
- S'il vous a vu, c'est trop tard, levez-vous,

Ne le couvez pas trop. N'oubliez pas que votre éducation doit le préparer à affronter la vie. Loin de tout cliché moral, on sait que la vie est dure et que le genre humain est très variable. C'est de plus en vrai aujourd'hui, surtout que la rue devient dangereuse ; ce qui n'était pas le cas quand nous étions à l'école.

Il y a tant de violence aujourd'hui que si vous ne le laissez pas se faire un peu mal, il risque d'être trop choqué quand il le découvrira dans un contexte bien moins sécurisé que la maison, en présence de son parent. Je développe cette notion un peu plus loin.

3.8. N'estompez pas sa Curiosité

Les équilibres sont difficiles à maintenir, les extrêmes sont néfastes et les oscillations sont perturbatrices !!

On n'arrête pas de vous dire de mettre les limites qu'il faut et ensuite on vous dit de fermer les yeux de temps à autre !! Lorsque vous ne savez plus quelle voie choisir et quelle attitude adopter, revenez à l'objectif.

Vous éduquez votre enfant pour qu'il ait une morale mais aussi pour qu'il réussisse sa vie (avec votre propre définition de la réussite). Donc dosez vos interdits en fonction de cela et surtout du contexte.

Si vous n'y arrivez pas, mettez vos propres règles : dans tel contexte, je ferme les yeux, mais je ne tolèrerai jamais certains comportements. Visionnez ces moments et prenez votre décision, avec ou sans papa. Il faut que ça devienne un réflexe chez vous ; l'enfant ne comprendra pas qu'on lui dise « mets-toi en standby le temps que je me décide ». Ceci lui dira que ce n'est finalement pas si important. Pour lui, un interdit est une chose naturellement claire, si elle demande réflexion, c'est que c'est discutable.

Mettez donc des règles indiscutables et pour le reste, fermez les yeux pour laisser du champ à sa curiosité. Si vous interdisez trop, l'enfant comprendra qu'il n'a pas besoin d'explorer son monde et deviendra irrémédiablement passif.

3.9. L'enfant Psychologue

Finalement, entre Ego+, curiosité, règles et usure, reste-t-il un autre moyen d'apprentissage à votre enfant ?? Est-ce que tout ce qu'il apprend vient obligatoirement de sa curiosité et des interdits ou y a-t-il une autre source ?

> **N'hésitez pas lorsque vous émettez un interdit. Faites le rapidement sinon laissez tomber. Et surtout ne changez pas d'avis rapidement.**

Eh bien, la réponse est oui ; **il y a une autre source centrale à l'apprentissage de votre enfant, c'est VOUS.** Il est en effet très sensible à vos gestes, paroles et émotions, bien plus que vous ne croyez.

Contrairement à ce qu'on croit, l'enfant est un fin psychologue de ses parents et des adultes qui l'entourent. Par essais et répétitions, il apprendra à vous connaître et à anticiper vos réactions. Quand vous dites un mot, en étant en colère par exemple, il va l'enregistrer et surtout le traiter. Ce traitement est systématique et ne laisse passer aucun détail, y compris les émotions que vous projetez, auxquels il a une grande sensibilité.

L'exemple qu'on connait tous est « ne mentez jamais devant votre enfant, même pour un détail anodin ».

Ce sont en effet vos paroles et gestes qui vont structurer la première strate de la psyché de votre enfant, de la naissance à 2/3 ans, c'est-à-dire dans le milieu familial, avant l'école.

Votre enfant est très sensible à ce que vous dites, faites et projetez comme émotions. Il prend beaucoup de décisions sur des détails.

Mais attention, cette « construction » est encore très fragile et il suffit de peu pour la déstabiliser. Cet effet est démultiplié chez les enfants « très sensibles » à nos réactions et il ne faudra surtout pas les négliger. Cela arrive souvent qu'on a un « sensible » et un « agité » à la maison. On a tendance à sur-éduquer l'agité et nous dire que le sensible trace son chemin.

Ce n'est pas parce que votre enfant sensible ne parle pas trop qu'il n'en a pas besoin. Bien au contraire, c'est celui que vos paroles suffiront à influencer et corriger, mais s'il ressent de la négligence, ça devient dur à gérer pour lui et vous pouvez avoir des réactions démesurées.

Donc ne négligez surtout pas le « sensible », vous pouvez le perdre rapidement.

3.10. Synthèse

- Comme je l'ai annoncé dans l'introduction, ma quête a été de chercher ce qui est profondément moteur et primaire dans le fonctionnement de la psyché humaine. J'ai été ravi de découvrir que le besoin d'explorer son environnement est une composante à part entière dans cette psyché. Elle est indépendante et motrice.

- « Il essaie, si ça marche, il répète, sinon il change ». Ce processus simple et trivial structurera la psyché de votre enfant.

- Tous ce que nous vivons est imprimé dans notre mémoire, stratigraphiquement. Comme les couches géologiques, il est difficile d'accéder à notre mémoire lointaine, sauf dans certains cas particuliers liés à un activateur omniprésent ou alimentant un complexe primaire.

- Les habitudes sont comme des ravins creusés dans notre cerveau qui a tendance à y glisser rapidement et systématiquement. Il est donc difficile de les changer. Dans le cas des enfants, ces ravins sont encore en construction, vous pouvez donc les corriger avant qu'ils ne soient consolidés.

- Toujours confirmer la règle sinon il en déduira qu'il peut tester toutes les autres.

- « On ne change pas une méthode qui gagne ». L'enfant n'hésitera pas à faire appel à l'usure de ses parents s'il sait que ça marche. Etant fin psychologue, il apprendra aussi à bien choisir le moment qui maximise la réussite de sa demande.

- Fermer les yeux pour laisser du champ à sa curiosité et pour vous reposer.

- Ne laissez pas votre peur pour lui estomper sa curiosité. Un enfant passif est très difficile à corriger.

- Les interdits doivent être énoncés rapidement et sans hésitation. Même vous vous êtes trompé ou exagéré, ne changez pas d'avis tout de suite.

- A ma grande surprise, j'ai découvert qu'un enfant est très sensible à ce que ses parents disent, font et projettent comme émotions envers lui ou envers d'autres. Il prend en effet beaucoup de petites décisions sur ces détails.

- Vos paroles et gestes vont donc structurer la première strate de la psyché de votre enfant, de la naissance à environ 2 à 3 ans.

4. La Peur : un Allié Méconnu

Si notre enfant n'avait en lui qu'un moteur primaire puissant (Ego+) et un processus d'apprentissage cumulatif, rien ne viendrait l'arrêter. Il finira par se faire mal et par détruire son environnement. Mais la nature est bien faite…

Cette partie va donc vous parler du frein de série livré avec chaque enfant et de son mode d'emploi. C'est la Peur. Sa seule existence en nous est la preuve que nous sommes créés pour vivre ensemble.

4.1. Peur Préexistante en chacun d'entre nous

Mais si cet être humain est si centré sur sa propre personne, comment peut-il vivre avec les autres ? En suivant des règles respectées par tous pour le bien de tous. C'est donc ce « vivre ensemble » qui impose des règles et il est donc impossible que sa psyché ne contienne pas un ou plusieurs éléments lui permettent de vivre en groupe.

Il faut un processus psychique puissant pour contrer cet Ego+ et le forcer à vivre en société, le forcer au partage. Jusque-là, beaucoup diront que la psychanalyse et Nietzsche ont vu juste et que l'homme nait « mauvais » par nature. Une fois n'est pas coutume, nous allons montrer qu'ils ont mal évalué un processus très puissant chez l'humain.

Revenons à la naissance de Théo. Même si j'aimerai citer quelques sketches de comiques sur le moment de la naissance, il y a un fait universel auquel nous, pères, n'avons jamais fait attention, peut-être parce que trop inquiet à l'idée de couper le cordon !! Les docteurs eux l'utilise comme signe vital et s'il n'y est pas, ils vont le chercher. J'ai nommé **les pleurs du bébé à la naissance**. Voyons ce qui peut bien pousser un bébé à pleurer à sa naissance. Nous pouvons tous convenir que le plus logique serait de dire que le changement du milieu en est responsable, OUI, mais pourquoi ce changement entraine ces pleurs ? Le nourrisson a simplement peur. Je vous présente donc **l'ancêtre du respect et de l'amour des autres, LA PEUR.** C'est pour cela que seul un contact direct avec sa maman le rassure, le seul être qu'il connait.

La peur existe en effet en chacun d'entre nous. Comme nous avons tous un Ego+ actif, nous avons aussi une peur qui se manifeste sur plusieurs formes selon l'individu. Au moteur principal, l'homme possède donc un frein naturel qu'il faut savoir activer.

Voyons comment se manifeste cette peur chez l'enfant dès son plus jeune âge. Déjà bébé, nous remarquons que l'enfant est effrayé à l'idée de rester seul. Vous me direz c'est normal, « Il a peur ou il veut qu'on s'occupe de lui » ; voilà nos deux processus principaux, Peur et Ego+. Plus tard, un enfant pourra jouer seul dans sa chambre, mais bébé, il faut absolument le rassurer par la présence de quelqu'un autour de lui ? Qu'est ce qui pousserait le bébé vers ce besoin, si ce n'est la **Préexistence de la Peur en Lui**.

La peur n'est donc pas un processus de contrainte introduit par la vie collective, il est en nous dès la naissance, un peu comme une preuve qu'on est initialement faits pour vivre en groupe. Et notre psyché y est adaptée dès sa création. Ceci me pousse d'ailleurs à dire que nous avons longuement cherché pourquoi l'homme ne peut vivre seul ? La réponse n'est pas d'ordre social ou économique, elle est simplement psychique.

Je vous invite d'ailleurs à aller voir sur le net comment fonctionne la peur au niveau neurologique, vous verrez que c'est le **seul « sentiment » qui possède des organes dédiés**, comme l'amygdale et autres. Pour ceux qui considèrent la peur comme un simple sentiment, je leur demanderai de chercher pourquoi les autres sentiments n'ont pas d'organes dédiés. La peur est en effet bien plus qu'un sentiment...

Nos moments de peur durent généralement des secondes, ça nous tuerait si ça durait quelques dizaines de secondes !!!

4.2. Peur d'avoir mal

L'enfant commence à appréhender sa peur avec ses premiers bobos. Lorsqu'il découvre que le bobo fait mal, aussi infime soit-il, il va réfléchir à deux fois avant de recommencer une action qu'il sait l'amènera à avoir mal. La peur initiale est donc une **Peur d'avoir mal**. Ce sera son meilleur compagnon d'apprentissage, puisque au fur et à mesure, l'enfant va apprendre à anticiper les risques. Avec votre aide, lorsque vous lui dites « NON, tu vas te faire mal », il y aura toujours la balance entre la peur et curiosité.

La Peur initiale est celle d'avoir mal. Elle sera son meilleur compagnon d'apprentissage.

La peur est un processus très violent et heureusement qu'il ne dure pas longtemps. Si les frayeurs qu'on connait durent plusieurs dizaines de secondes, on en mourra. Déjà enfant, ce processus est puissant et brutal. Petite expérience à ne pas faire.

Prenez sa main en forçant un peu (pour lui montrer que vous pouvez le faire) et approchez la d'un objet très chaud (ne vous attardez pas trop sur l'exercice) ; si l'enfant vous croit capable de le faire, vous verrez quelle puissance physique va déclencher sa peur et surtout sa montée en puissance au fur et à mesure que vous approchez sa main. Je sais, c'est horrible, comme exemple, mais franchement, je n'ai pas trouvé mieux.

Cette peur d'avoir mal est la première des peurs qu'on connait tous. Vient par la suite celle de la solitude, rappelez-vous les pleurs du nourrisson. Quand on grandit, cette peur d'être seul se module et devient plus profonde. Je vous en révèlerai une troisième encore plus profonde dans les prochaines lignes. Mais quelques soit son type, la peur doit absolument être activée pour pouvoir la moduler.

4.3. La Peur est un processus qui doit être activé

Jusque-là, cette peur ne remplit toujours pas son rôle de frein aux envies incessantes de l'Ego+. La peur existe encore à un stade brut qu'il faut commencer à appréhender et à moduler.

Faites découvrir la peur à votre enfant et apprenez lui à la gérer. S'il la découvre brutalement, il en deviendra lâche à vie.

Paradoxalement, si vous élevez votre enfant dans un environnement où il n'a pas à découvrir et appréhender cette peur (comme être toujours derrière lui, pas de fessées, même pas les plus légères...), vous **risquez d'en faire un lâche jusqu'à la fin de ses jours**.

En effet, la peur est utile mais très puissante. Vous pouvez la lui faire découvrir à votre rythme, par petites doses, mais si vous ne le faites pas, le milieu scolaire s'en chargera pour vous. Le jour où éclatera la petite bagarre et qu'il recevra un coup qui fait franchement mal, ça déclenchera une peur si immense en lui qu'il en deviendra lâche pour très longtemps. Alors, quelques soit votre méthode d'éducation, **faites découvrir la peur à votre enfant et apprenez lui à la gérer.**

Ceci peut se passer dans des jeux ou alors à travers une période de grande autorité où votre enfant finit par craindre vos punitions, par **vous craindre.** Ceci peut vous sembler d'une ère révolue, mais gardez à l'esprit que si vous ne le faites pas, votre enfant le découvrira par surprise dans un environnement sans protection. Si vous avez le cœur fragile, déléguez ce rôle à quelqu'un de la famille pour le jouer, sous votre regard lointain, sans être présent.

4.4. Un Processus Central d'Aiguillage

La peur ne se vit pas au quotidien. C'est un processus très complexe qui s'active chez l'humain à son enfance et devient par la suite central dans le comportement de tous les jours. La peur est en effet un processus primaire qui ne se réserve pas une zone précise du cerveau. Son activation actionne des organes dans le cerveau qui vont reprendre la main sur le fonctionnement de ce dernier.

> **La Peur vous place au centre de votre être en monopolisant tous les autres processus. Ensuite vous aiguille vers vos habitudes.**

Autant vous surprendre tout de suite, la peur n'a aucune fin en soi sur l'humain, c'est simplement un **processus d'aiguillage forcé**. Il ne fait que forcer l'attention du cerveau sur quelque chose, qu'on appelle généralement « un danger ou une crainte » et ensuite **vous mettre au**

centre de votre être pour que vous puissiez choisir quoi faire. Et là vous choisirez selon ce que vous êtes en réalité.

Il peut vous aiguiller vers le rationnel, la fuite, le désespoir ou alors le chaos. Ce dénombrement n'est pas définitif.

Vous comprenez maintenant pourquoi la peur est si centrale dans l'éducation de l'humain, elle permet de prendre son attention et l'aiguillez vers autre chose. Vous êtes son guide lors de cet apprentissage bien plus complexe qu'il n'y parait.

> **La nature a donné au moteur puissant de l'Ego+ un frein encore plus puissant : La Peur.**

Ne vous inquiétez pas pour le courage et la confiance en soi, vous serez surpris de découvrir que la composante « peur » leur est indispensable. Comme on dit : « pas de courage sans peur ». Mais quelle peur ? Celle qui est utile ou celle qui handicape ? On va parler de tout ça.

4.5. Un puissant allié pour l'éducation

La nature est toujours bien faite. Elle donne au puissant moteur primaire qui est l'Ego+ un bien plus puissant frein qui est la peur, encore faut-il savoir s'en servir.

Nous savons qu'elle doit être activé et qu'elle agit comme agent d'aiguillage, mais aiguillage vers quoi ? J'ai envie de dire que c'est presque à vous de décider, à condition que vous commenciez très tôt.

Avant d'avancer plus loin, soyons clair que ce ne sont pas uniquement les fessées qui donnent peur, mais l'énoncé de l'interdit en soit, jusqu'à ce que l'énonciateur de l'interdit soit craint en soi. Non, ce n'est pas de la tyrannie.

Rappelez-vous que la peur commence par la peur d'avoir mal, mais nous voulons protéger nos enfants, donc on ne peut les laisser se faire mal pour apprendre (encore que !!!), il faut donc remplacer cette peur d'avoir mal par une peur de l'interdit quand il est émis par un parent ou adulte. Et là, il faut rester basique, il vous craindra parce qu'il craindra les représailles.

C'est quand votre enfant évitera les bêtises parce qu'il craint pour vos sentiments qu'on dira qu'il vous aime.

A force de craindre les représailles, il vous craindra vous, sans vous détester, je vous rassure. Ensuite il se formera en lui une crainte brute des interdits pour in fine se transformer en respect et tenez-vous bien, en amour. C'est quand votre enfant évitera les bêtises parce qu'il craint pour vos sentiments qu'on dira qu'il vous aime.

L'objectif est donc d'utiliser ce processus puissant qui est la peur pour limiter les envies de l'Ego+ et rendre ceci permanent dans la psyché de l'enfant, le temps qu'il assimile la règle et la transforme en respect et amour.

Je vous fais remarquer très simplement que les enfants que nous qualifions habituellement « d'obéissants » ont un haut sens du respect et aiment leur prochain. Leur obéissance ne vient pas de l'effacement apparent de leur personnalité, mais bien de leur maitrise d'eux même, cette petite peur qui les aiguille vers les choix auxquels vous les avez habitués à force de répétitions et de persévérance.

4.6. La Peur d'Avoir Peur

Le niveau de peur que nous avons décrit comme indispensable à la mise en place des limites reste assez bas, comparé aux peurs qu'un enfant peut vivre dans un milieu inconnu, avec des gens qui peuvent vraiment lui faire mal.

> **Le manque de courage n'est pas l'inexistence de la peur, mais son anticipation, c'est la peur d'avoir peur.**

Quand il se dira que ces gens ne sont pas mes parents, ils ne m'aiment pas, donc ça peut vraiment faire très mal. Comme précédemment décrit, quand la peur arrive par forte dose ou devient répétitive, l'enfant commence à craindre l'état ingérable dans lequel le plonge cette peur et se mettra à avoir peur d'avoir peur !! Il se met à anticiper la peur qui viendrait de toute nouvelle expérience ou tout risque, aussi connu soit-il. Le manque de courage ainsi vient de la peur de vivre un instant de peur et non de la peur elle-même.

Casser ce processus est indispensable avant qu'il ne grandisse avec. Ne le faites pas en passant par la raison, les émotions sont plus fortes à cet âge. Donnez-lui plutôt des preuves de ses capacités en le poussant parfois un peu trop, quitte à le rassurer en étant là juste à côté.

Attention : le comportement du père à la maison est primordial pour le garçon. Si son père est d'apparence non courageuse, l'enfant aura du mal à devenir courageux.

4.7. Synthèse

- La peur est le processus le plus puissant dans la psyché de l'humain. Quand il est activé, il peut dominer tous les autres processus en cours.

- La peur est préexistante en chacun d'entre nous dès la naissance. elle dépasse de loin cette notion basique qui consiste à craindre les dangers.

- La première image que l'enfant découvre de sa peur est celle d'avoir mal. Il la découvre en explorant son environnement et il adoptera rapidement la notion de risque dans ses décisions. Cette peur sera son meilleur compagnon d'apprentissage.

- La peur reste à un degré limité chez le jeune enfant. Les degrés supérieurs doivent être activés à un certain âge, avant 3 ans de préférence. Faites découvrir ces degrés supérieurs à votre enfant dans un environnement saint, avant qu'il ne la découvre un jour lors d'une bagarre ou d'une agression. S'il la découvre brutalement, il en deviendra lâche à vie.

- La peur est en effet un processus d'aiguillage qui arrête tous les autres processus et vous place en plein centre de votre processus décisionnel. Vous pouvez choisir quoi faire. Si vous ne le faites pas, elle vous aiguillera vers vos habitudes : fuite, peur, colère, désespoir…

- Comme la nature aime les équilibres pour laisser l'humain le choix de ses actes, elle a donc donné au moteur puissant de l'Ego+ un frein encore plus puissant : la Peur.

- C'est le meilleur allié pour l'éducation de votre enfant. N'hésitez pas à l'utiliser.

- La peur est en effet l'ancêtre transformé de l'amour et du respect. C'est quand votre enfant évitera les bêtises parce qu'il craint pour vos sentiments qu'on dira qu'il vous aime.

- Le manque de courage n'est pas l'inexistence de la peur, mais son anticipation, c'est la peur d'avoir peur.

5. Une Balance Morale Ego/Peur

Les deux puissants processus vont se battre tout au long de la vie de chacun d'entre nous. Cela dit, bien avant 4 ans, l'un va obligatoirement prendre l'avantage sur l'autre et il sera très difficile d'inverser cette tendance. C'est la balance qui déterminera si l'enfant sera un « gentil » ou un « méchant ».

J'espère que ceci mettra fin à la bataille philosophique du « gentil par nature » ou « méchant par nature ».

5.1. Formation de la Balance

Maintenant que nous avons présenté les deux processus les plus puissants chez l'être humain, nous allons voir ensemble comment ils interagissent dans la vie quotidienne de nos enfants et de la nôtre aussi. Vous avez bien remarqué qu'ils n'agissent pas dans le même sens. Décidément, la nature adore les équilibres.

Nous avons donc notre moteur et notre frein. Dans le passage, notez bien que le frein est bien plus puissant que le moteur, mais qu'il (le frein) ne sert à rien sans l'initiative du moteur.

Ego+ et Peur interagissent en continu. L'un d'entre eux finira par gagner et dominer l'autre. C'est la Balance.

Les interactions quotidiennes entre moteur et frein sont enregistrées et l'un d'entre eux va irrémédiablement gagner. Une sorte de balance qui va aller d'un côté ou de l'autre assez rapidement, bien avant 4 ans. Cette balance nous parait aujourd'hui comme le processus le plus important en soi dans la psyché de l'être humain.

Cette balance se forme par répétition et enregistrement. Un moteur qui pousse toujours vers soi-même, se servir en premier, faire ce qui lui passe par la tête et un frein, qui, s'il est actionné, le freine et lui impose les limites que vous, parents, lui avez montrées. C'est donc ce processus qui ouvrira une brèche dans cet Ego+ centré sur lui-même. Il le laissera se servir tant qu'il n'agresse pas les autres, il le laissera se servir, tout en lui garantissant l'acceptation de l'autre.

Seule la balance agit pour faire accepter l'AUTRE dans la psyché humaine. Elle laisse l'Ego+ agir tant qu'il ne transgresse pas la règle.

5.2. Une Balance Morale

La balance est donc le processus principal qui gère le côté moral chez l'être humain et gardez-vous bien, il se fige très rapidement, bien avant 4 ans et il va en s'auto-renforçant.

> **Balance, principal processus de notre psyché, se fige rapidement avant 4 ans pour déterminer son orientation MORALE.**

Mais pourquoi parle-t-on de morale dans un livre de psychologie ? Et comment peut-on si facilement juger le coté moral d'un enfant à un si jeune âge ? Eh bien, on le fait tous et tous les jours. Quand vous dites que tel enfant est « gentil, réservé et obéissant » et qu'un tel autre est « méchant, égoïste et ne laisse jouer personne », ça inclut un vrai jugement de sa personnalité, même si on se garde de trop l'appuyer, en essayant toujours de l'édulcorer.

Nos enfants apprennent la notion gentil/méchant très rapidement dès la maternelle, pourquoi on ne viendrait pas l'expliquer ? Bien sûr, aucun parent n'aime qu'on lui dise que son enfant est « profondément méchant ».

Mais il y a une catégorie d'enfants toujours lésée par ce jugement, ce sont ceux qui bougent trop et testent constamment les règles. Ne les jugez pas en mesurant leur énergie ou l'énergie que dépensent les éducateurs à les calmer, mais jugez les quand ils sont en train de jouer avec les autres, sans que l'on « viennent les chercher ».

La Balance limite l'espace de l'Ego+ pour libérer une place pour les Autres.

La balance est morale car elle détermine le degré de respect de la règle, le degré d'acceptation de l'autre. Ça force notre enfant à limiter son égo pour accepter l'autre et ça finit par creuser une place pour ce dernier au fond de son être. Bien entendu, tout ceci à différents degrés et à différentes vitesses.

5.3. Identifier la balance de mon enfant ?

La question qu'on se pose tous est donc : « Ou en est mon petit » ?

C'est vraiment simple à voir. Cherchez les signes de l'existence et de l'acceptation de l'autre en lui-même.

Cherchons d'abord l'existence, on verra pour l'acceptation plus tard. Ces signes sont dans son comportement répétitif, au sein d'un groupe de son âge.

Chercher surtout ce que j'appelle « le partage à froid » : Est ce qu'il prend un jouet ou plusieurs ? Est-ce qu'il prend le maximum pour lui ? Est-ce que son but est de tout avoir pour lui ou de ne pas laisser les autres ? Est-ce qu'il amasse tout puis les oublie et quand les autres les prennent, il ne dit rien ?

Laissons d'abord de côté un comportement grave, qui consiste à tout prendre et même après cela, va emmerder les autres pour les empêcher de jouer. Ce comportement, accompagné d'ailleurs d'agressions gratuites, s'explique par une autre composante exposée dans l'avant dernier chapitre de ce livre.

Donc s'il tire trop vers lui, c'est problématique et il faut corriger rapidement pour lui faire accepter le partage. Si au contraire, on lui prend tout et ça ne le dérange pas, c'est aussi problématique à cet âge. Il faudra savoir pourquoi. Travaillez la balance avant qu'il ne soit trop tard. D'autres moteurs sont à venir dans sa vie.

Surtout, faites attention à ne pas vous tromper de diagnostic, donc ne faites pas vos observations les conditions suivantes :

- Votre enfant est en colère ou a mal dormi.
- Ne le jugez pas uniquement avec son meilleur ami ou son ennemi juré.
- S'il ne fait que réagir à ce qu'il considère comme une agression. Tous les enfants se poussent, surtout les garçons, se battent, c'est normal dans leur apprentissage.
- Aussi, le critère d'une agressivité plus prononcée n'est pas en liaison avec son refus de l'autre.
- Surtout, comme déjà dit, ne vous trompez pas au sujet des enfants qui bougent trop. Il est vrai que c'est fatiguant pour tout son entourage et qu'il faut répéter la chose mille fois avant son assimilation,

mais ils ne sont pas toujours d'une mauvaise balance et savent s'amuser avec les autres sans les agresser (en tout sans intention de la faire). Ils savent aussi faire preuve d'une grande générosité.

• …

Mais au fait, j'ai oublié de vous dire. Qu'est ce qui fait la différence entre les enfants bien avant leur apprentissage ? Comment expliquer que certains sont plus têtus ou réservés que d'autres ?

Nous naissons tous différents par notre Caractère (ou tempérament). Cette composante est indépendante de la Balance.

C'est le **tempérament** ou le **Caractère**. Reçu à la naissance par tous les enfants. Je vous confirme donc que nous naissons tous différents et que cela n'est pas génétique. Le caractère détermine le degré de nos réactions et surtout conditionne nos relations avec les autres. Exemple : pourquoi on se sent bien avec quelqu'un et pas avec un autre ? C'est lié à cette composante qui est bien plus complexe que ce que contient le mot « caractère ». Non, non, je ne vais pas vous parler de date de naissance, des interactions avec les astres et de leur influence sur votre tempérament ou sur votre humeur.

5.4. Un Outil Educatif

La balance est un outil éducatif, le meilleur qui soit. En utilisant le frein de série chez tous les enfants, la peur, vous l'habituez à accepter les interdictions, ça freine son Ego+ et ça laisse la place aux autres.

Vous me direz mais beaucoup d'enfants sont éduqués sans pour autant connaitre la peur et surtout les éducateurs n'utilisent pas cette peur pour faire accepter la règle. Et pourtant SI. On dit qu'on utilise plutôt la privation ou l'isolement, mais tout dépend du degré d'acceptation de la règle. Si les parents n'ont pas fait leur travail, les éducateurs auront du mal à faire le leur.

> **Pour un Ego2+ qui ne répond plus aux règles, vous n'avez qu'une option : Utiliser le Frein tant qu'il est encore temps.**

Supposons que l'enfant est puni par privation à l'école assez régulièrement. Les éducateurs ont déjà dit que ça ne servait plus à rien et qu'ils ont besoin des parents pour les aider. Les parents font pareil à la maison, par privation mais ça ne suffit pas non plus.

La situation que je viens de décrire est celle d'un enfant balance Ego2+ qui ne respecte pas les règles et personne ne sait quoi faire avec lui. Eh bien, c'est très simple : utilisez le frein. Bien sûr, les éducateurs n'oseront pas le demander aux parents et ces derniers, même s'ils le font, ne le diront jamais. Ainsi va notre société.

Quand on était à l'école, il y avait encore les châtiments corporels et l'instituteur avait son rang dans la société. Est-ce que ça a fait de nous des psychopathes ou des complexés notables ?! Pour corriger un enfant à balance Ego, seule la crainte de la punition servira.

5.5. L'Enfant déterminé par son Environnement

J'ai longtemps hésité avant de rajouter ce paragraphe, ne voulant croire moi-même ce que j'ai fini par comprendre. Je pensais en effet que le « libre arbitre » agissait aussi chez les enfants. A un moment ou un autre, l'enfant prendrait une décision de suivre tel ou tel chemin, tel ou tel côté de la balance, quitte à en changer par la suite, mais NON, loin de là.

L'Enfant est complètement déterminé par son environnement (parents, famille, école). Si son éducation a dévié, ce n'est pas de « sa faute ».

Même si sa conscience est tout à fait formée, il n'a pas encore cette entité/processus autonome qui lui permet de décider. L'issue de la balance est complètement déterminée par l'environnement de l'enfant et conditionnera toute sa vie. D'ici la fin de ce livre, je vous parlerai de bien d'autres processus chez l'enfant, ils sont tous influencés par les parents et l'entourage.

Donc la psyché de l'enfant est complètement déterminée par son environnement (parents, famille, école, voisinage).

Si l'éducation de l'enfant n'a pas marché, ça ne peut en aucun cas être sa faute !! C'est seulement vers la préadolescence qu'on pourra parler de prémisses de décisions autonomes réfléchies. Avant cet âge, l'enfant ne fait que réagir et corriger par rapport à ce qu'il vit.

Les parents sont donc entièrement responsables de l'éducation de leur enfant et surtout de ce que ça va engendrer pour la société : un être équilibré respectant les règles ou un égoïste ne pensant qu'à lui-même. Et permettez de le dire : ce sont généralement les parents qui sont les premières victimes de leur mauvaise éducation, bien avant la société.

5.6. Faisons de la Place aux Autres

La notion de Limites est indissociable de la notion de Peur. C'est en effet la menace d'une punition ou privation qui prendra la place du mal causé par le petit bobo. Les limites se reposent toujours sur une menace potentielle d'un côté de l'Ego+. C'est cette peur, qui à force de répétition, se transformera en respect et finira par s'intérioriser. Il est indispensable que ça se fasse avant l'adolescence, autrement il sera trop tard.

C'est maintenant qu'on va découvrir la beauté de être humain : Lorsque la peur freine l'Ego+, ça ouvre une brèche pour les autres, qui peuvent commencer à avoir une place. A force de pousser cet Ego, on réduit son terrain pour laisser de la place aux autres. Cela prendra plusieurs formes : sensibilité par rapport aux autres, respect de la personne humaine et enfin amour des autres. Chacun à son échelle.

La peur est ainsi l'ancêtre transformé du respect et du l'amour d'autrui. A chaque millimètre carré gagné, la peur **creuse une place pour les autres dans l'âme de l'enfant**.

> **La Peur est ainsi l'ancêtre transformé du respect et de l'amour d'autrui. Utilisez-la.**

A chaque fois que vous ratez une période pour activer le bon type de peur pour mettre en place les limites adéquates, il vous sera plus difficile de le corriger. Après quatre ans, seule une contrainte importante et permanente peut ramener sur le droit chemin.

5.7. Synthèse

- Les deux puissants processus Ego+ et Peur interagissent en continu. L'un d'entre eux finira par gagner et dominer l'autre. C'est la Balance.

- Les deux processus resteront tous les deux très actifs mais l'enfant aura une tendance nette vers l'un ou l'autre.

- La Balance devient ainsi le principal processus de notre psyché. Il se fige rapidement vers 4 ans et devient très difficile à changer par la suite.

- Depuis le temps qu'on se pose la question : l'homme est-il bon ou mauvais par nature ? eh bien, la réponse, c'est la balance qui détermine l'orientation morale de chacun d'entre nous.

- Comment ça marche ? La balance limite l'espace de l'Ego+ pour libérer une place pour les autres.

- L'enfant reste complètement déterminé par son environnement (parents, famille, école). Si son éducation a déviée, ce n'est pas de sa faute.

- Pour un Ego2+ qui ne répond plus aux règles, vous n'avez qu'une option : utiliser le frein de la peur tant qu'il est encore temps. La peur est l'ancêtre transformé du respect et de l'amour d'autrui. Utilisez-la.

- Nous naissons tous différents par notre caractère (tempérament). Cette composante est indépendante de la balance.

6. Le Chemin : Limites & Repères

Maintenant que le noyau de la psyché est clair et que le processus d'apprentissage sur lequel fonctionne votre enfant est fixé, découvrons ensemble le pourquoi de la fameuse remarque : « il n'a pas de repères, il est perdu, il en soufre ».

Vous verrez que les questions métaphysiques que nous détestons presque tous sont imprimées dans notre psyché et que les limites et les repères que donne l'éducation nous évitent de les confronter pendant l'enfance.

6.1. Limites : un chemin balisé réclamé

Souvenez-vous encore du diagnostic de la psy de l'école sur la situation de Théo : « il n'a ni limites, ni repères et il en souffre, pauvre môme ». Mais quelle est donc l'origine de ce constat des pros quant aux enfants sans limites ? Pourquoi disent-ils qu'ils sont perdus ?

Reprenons notre image de la voiture qui roule : elle a un moteur primaire : l'Ego+, un frein qui doit être activé : la Peur et enfin elle doit rouler sur un chemin balisé : les Limites et Repères. Tout le monde nous dit que l'enfant doit évoluer sur un chemin bien balisé, avec des limites claires pour arrêter son Ego+, mais de quoi a-t-il peur exactement ?

Moteur + Frein + Chemin Balisé sont indispensables pour que l'enfant ne se sente pas perdu. De quoi a-t-il peur exactement ?

La réponse va peut-être vous surprendre : Dès son plus jeune âge, l'être humain se pose des questions métaphysiques telles que : D'où on vient ? Pourquoi on vit ? Est-ce que Dieu existe ? A quoi je sers ?... N'étant pas prêt à les affronter, il cherche à les éviter grâce à un chemin sur, qui le rassure. Guidez le, le temps qu'il se trouve un objectif à sa vie. Ne le laissez pas tomber dans les abysses bien trop tôt. C'est lui qui vous le réclame à coup de bêtises à l'école, voire d'agressivité envers ses copains.

J'ai en effet constaté une sorte « d'angoisse » chez les enfants sans limites qui ressemble trop à celle que vivent les gens qui n'ont plus de raison de vivre, ceux qui ont atteint un certain confort ou régularité et ne savent plus pourquoi se lever le matin. Je ne parle bien sûr pas des suicidaires mais des angoissés qui deviennent de plus en plus nombreux avec l'avancé du confort de vie.

6.2. Des Limites testées en permanence

Nous avons déjà évoqué ce thème dans la partie apprentissage, mais maintenant que nous avons compris le rôle de la balance, il faut insister sur le fait qu'un enfant qui teste les limites n'est pas obligatoirement un enfant à balance négative. Les limites sont en effet ces balises que vous mettez pour que votre enfant suive bien la route, sans tomber dans les abysses qui la jouxtent, mais comme tout humain qui se respecte, il ne suffit pas de le lui dire, il faudra bien qu'il teste encore et encore.

L'enfant se sent perdu quand il quitte son chemin balisé qui lui évite de tomber dans le ravin métaphysique auquel il n'est pas prêt.

A ce stade, la répétition en soi n'est pas problématique, juste fatigante. Elle dépend de l'intelligence de l'enfant, de son tempérament et de comment vous l'avez éduqué jusque-là, surtout entre deux et quatre ans.

Mais à quel moment la peur des abysses va empêcher l'enfant de faire la bêtise ? La réponse est : Jamais. Votre enfant ne connait pas ces abysses, il est même incapable de les décrire. On ne le verra jamais s'arrêter comme si il a vu quelque chose qui l'effraie, mais si on le laisse trop sans limites, sans repères (comme dirait l'autre), il se sentira perdu et bien au contraire, son manque de respect pour les règles ira en grandissant, non parce que son Ego+ le pousse, mais parce que quelque chose le dérange, l'angoisse.

Les bêtises à répétition sont un appel au secours de votre enfant pour le sortir des abysses pour lesquels il n'est pas préparé.

Les psys scolaires ont l'habitude de dire : « il est perdu » hors du chemin, je dirai plutôt qu'il est en train de sombrer dans quelque chose qui l'angoisse, l'effraie et fait tout pour oublier son calvaire, en appelant au secours. Ses bêtises répétées sont en effet un appel au secours. On voit exactement le même schéma chez les adultes. Donc il faut bien détecter la limite entre les répétitions d'apprentissage et celles de la détresse.

6.3. Levez Vous

Faisons ensemble l'expérience de l'enfant seul à la maison, simulation mentale bien sûr. Supposons que l'enfant se trouve seul à la maison. Que va-t-il faire ? La réponse dépendra du tempérament du petit, mais certaines choses vont vite être apprises.

Quand vous n'êtes pas là, l'enfant fera son apprentissage tout seul. Il montera sur canapé et sautera sans faire attention à la table basse qui lui cognera la tête ; il mettra les mains dans les câbles électriques, comme c'est du 12V, il ne se fera pas trop mal ; il mangera tellement de bonbons qu'il aura mal à l'estomac et ne saura pas quoi faire pour le calmer ; quand il ira aux toilettes, il laissera le robinet ouvert, inondera tout et se fera tout le mal du monde à y revenir par la suite, à cause du surplus de bonbons.

Rappelez-vous de la première partie du film « maman, j'ai raté l'avion » et imaginez que l'enfant n'avait que quatre ans !!

Ce que j'essaie de vous dire, c'est que la peur d'avoir mal donne un certains apprentissage encore en vigueur dans plusieurs sociétés, mais que le guidage des parents est bien plus sûr et bien plus « confortable ». Malheureusement, votre enfant ne sait pas ça et à quatre ans, il est incapable de le saisir, il est donc de votre devoir de trouver une solution de transformer la peur d'avoir mal par le respect de la règle. Permettez-moi de vous dire qu'à cet âge, l'enfant ne sait toujours pas ce qu'est le respect. Il a en effet juste peur des représailles s'il ne respecte pas la règle. Il a peur de la punition.

Mais jusque-là, cette punition n'était pas censée faire mal, les punitions de nos jours sont surtout orientées vers la privation, mais ce n'est suffisant que s'il y a omniprésence de la répétition de la règle : « je t'ai dit de ne pas toucher à ça, je me lève, je t'enlève l'objet de ta main et je te recadre ».

Donc levez-vous pour faire appliquer l'interdit. Si vous ne le faites pas, vous laisserez cumuler un comportement qui demandera plus d'efforts à corriger, en passant obligatoirement par les punitions. Comme vous avez laissé cumuler, la punition devra être adaptée.

6.4. La Punition adaptée et en croissance

Eh ben tient, parlons-en des punitions. Je pense que dans beaucoup de cas, elles sont inefficaces et on se demande pourquoi.

D'abord, en fonction du tempérament de votre enfant, commencez d'abord par les privations. Privez-le de quelque chose qu'il aime et surtout qu'il utilise tous les jours. Si vous voyez que ça ne le chagrine pas trop, passez aux punitions.

Une punition doit aller en augmentant en fonction de la gravité et de la récidive. Définissez une échelle et tenez-vous-en.

Une punition doit toujours aller en augmentant parce qu'il est très probable que la première ne donne pas de résultat. Vous devez donc définir une échelle et vous y tenir. Chaque acte plus grave entraine une punition plus dure et surtout, considérez toujours que **chaque récidive du même acte est plus grave que la première**. L'enfant anticipe toujours et il est bon calculateur. Si la bêtise lui plait, il se dira à un moment ou un autre, je vais quand même la faire, de toute façon, je sais ce que je risque. Laissez à papa les punitions les plus dures, il s'en remettra plus tard !!

Aux parents qui punissent en faisant semblant de donner une fessée, pensant que c'est le symbole qui compte. Arrêtez, ça ne sert à rien. Ou alors pour que ça heurte la dignité de votre enfant, il faudra que ça soit humiliant et il ne vous le pardonnera jamais…

Alors, une punition doit faire mal physiquement, sinon ça ne sert à rien et l'enfant s'y habituera très vite. En fonction de son âge, le clap des mains sur les fesses sans couche fera bien l'affaire.

Voici quelques remarques importantes.

6.5. Du bon usage de la fessée

Je répète donc que la fessée doit faire mal pour que l'enfant la craigne. Donc, si vous devez donner la fessé à votre enfant, faites le correctement :

> **Une punition doit faire mal physiquement, sinon ça ne sert à rien car l'enfant s'y habituera très vite et ne la craindra plus.**

- L'enfant a peur d'avoir mal, il faut donc jouer la maximum la dessus.
- Faites votre cinéma et montrer que vous êtes en colère contre son acte, pas contre lui en personne.
- Exprimez aussi votre déception quant à son acte.
- Préférez les fesses que tout autre endroit du corps.
- Utiliser vos mains nues, la peau est assez bien équipée en capteurs sensoriels pour que ça fasse mal.
- Faites des poses pour répéter la règle et dites-lui que la prochaine fois, ça fera encore plus mal

Je vous rappelle quand même quelques règles élémentaires :

- Ne touchez jamais votre enfant quand vous êtes en colère. Attendez d'être calmé. Par contre, montrez lui que vous êtes en colère !
- J'ai lu un livre qui disait qu'il faut au contraire punir à chaud, quand on est en colère. Je vois l'utilité de montrer la véracité de sa colère mais si vous êtes du genre colérique, vous risquez de faire des dégâts irréversibles et je vous invite à déléguer cette tâche à l'autre parent.
- Tapez pour faire mal juste en surface (peau extérieure), mais jamais pour un mal plus profond (musculaire).
- Mesurer vos gestes et surtout pas d'humiliation.
- Sachez vous arrêter si vous ne voyez pas de réponse du petit.

6.6. Rôle du Père

Je ne vais pas trop diverger de ce qui a été dit sur le rôle du père qui va de pair avec les repères : ces balises de la route qui guide son chemin.

Au-delà de toute considération culturelle, ce sont les mamans qui font le plus gros du boulot dans l'éducation des enfants, même si certains couples ont réussi à bien partager la tâche et à équilibrer leur présence. Je ne vais donc pas raisonner en terme de qui fait quoi, mais plutôt de ce que chacun apporte à l'enfant.

A la naissance et jusqu'à un an, la relation fusionnelle de la maman avec son enfant est si grande que le papa se demande ce qu'il peut faire la dedans. En effet, dans les clichés de toutes les sociétés humaines, les mamans apportent de l'affection que le papa ne pourra exprimer qu'à travers une inquiétude : préparer son enfant à la dureté de la vie. Vous trouverez ce que je dis dans les dictons de toutes les langues, dictons que je considère comme une synthèse de la sagesse sociale (après un certain tri !).

Je refuse le schéma débile consistant à dire que le rôle du père est de rompre cette relation pour reprendre son du, c'est-à-dire son épouse à cet enfant qui la monopolise !

Comme j'ai pris l'habitude de vous choquer, je pense qu'une maman qui a bien commencé l'éducation de ses enfants, peut la parachever sans jamais avoir besoin du père.

Le père est là pour rassurer maman et enfants et surtout pour corriger la trajectoire d'un enfant qui commence à perdre le chemin et le préparer aux dures nécessités de la vie.

Je trouve grandiose que beaucoup de mamans arrivent à bien éduquer leurs enfants sans aucune aide extérieure. Si elle est là quand il faut recadrer et expliquer, une maman n'aura jamais besoin de corriger.

Le père est en effet là surtout pour aider maman à corriger la trajectoire. Quand les punitions de celle-ci ne donnent plus de résultat, on va chercher le père. Je sais, c'est classique, mais je pense que ça n'a pas changé depuis Adan !!

La différence émotionnelle entre maman et papa fait que ce dernier peut être plus dur et il doit l'être. Sa présence est primordiale à partir de la préadolescence si des corrections de trajectoire sont encore indispensables.

Le schéma de la maman poule et du père fouettard…

Il est donc primordial que le papa joue son rôle de correcteur de trajectoire et de préparateur aux dures réalités de la vie. Pour cela, il DOIT être bien plus dur que maman. Il en va de sa crédibilité comme correcteur et surtout comme protecteur. Demandez à une fille comment elle voit son papa et vous comprendrez.

Je ne vais pas trop m'attarder ici sur les pères démissionnaires, ceux qui ne remplissent pas leur rôle. Vu ce que je viens de dire plus haut, je considère que c'est un crime, envers leurs enfants, envers leurs épouses et envers la société, sauf si on les empêche de remplir ce rôle.

6.7. L'autorité ne se discute pas

Reprenons l'exemple de notre voiture et son chemin balisé. A cause de sa peur des vides abyssaux, l'enfant sait qu'il a besoin de limites, mais son Ego+ va les refuser jusqu'au bout.

A ce stade, votre enfant a déjà refusé vos injonctions et se trouve dans une situation de refus d'obéir claire. Ne cherchez pas à tout lui expliquer. A un moment, vous devez lui dire : « il n'y a pas de pourquoi. C'est ainsi parce que j'en ai décidé et ce n'est pas discutable ». J'entends certains d'entre vous dire : « ah le tyran !! ».

Arrêtons-nous un moment. Supposons que vous essayez de le convaincre avec la raison et l'explication. Ce que vous y gagnerai c'est juste une trêve ; il vous manipulera pour échanger une punition par une promesse.

Il me semble indispensable d'exprimer l'interdit sur cette forme sans donner beaucoup d'explication, parce que je suis sûr que vous l'avez déjà fait et que ça n'a pas marché. D'ailleurs, c'est peut-être pour ça que vous avez acheté ce livre !

> **L'autorité ne se discute pas. Arrive un moment où il ne faut plus expliquer, mais fermement dire « c'est ainsi et c'est pas discutable ».**

L'énoncé sous cette forme met tout de suite votre enfant dans **le tunnel de ce qu'il a droit de faire**. Profondément, ça va le rassurer parce ça va activer sa peur de la punition mais ça lui enlèvera celle des abysses, qui est bien moins gérable.

Au passage aussi, l'enfant sera plus rassuré avec un parent dur et qui sait ce qu'il veut que le contraire. Si vous n'êtes pas convaincu, demandez aux filles la principale raison de l'admiration de leur papa…

6.8. Apprentissage & Courage

L'apprentissage est un sujet qui a été couvert par nombreux papiers, surtout depuis l'avènement de l'IRM, mais fort heureusement, personne n'a encore confié son enfant pour se faire irradié, même à petite dose.

Alors après la formation de la balance, essayons de voir comment sa personnalité va évoluer. Ça sera simplement un processus d'apprentissage par cumul d'expérience, c'est-à-dire en suivant le fameux essai/succès/répétition.

Tant que ça marche, l'enfant ne changera pas sa méthode et ça deviendra une technique principale. Et c'est **son taux de réussite qui déterminera son courage** pour essayer encore ou oser la nouveauté. Les parents devraient être attentifs à cet aspect chez leurs enfants. S'il a peur, il faut l'encourager et s'il continue à oser, il ne faut pas le freiner par votre peur.

Le courage est déterminé par le taux de réussite de ses expériences d'apprentissage. Plus il réussit, plus il devient courageux.

Le courage contient bien d'autres éléments liés au tempérament de l'enfant, mais il reste très corrélé avec le résultat de ses propres expériences. Plus elles sont fructueuses, plus il aura confiance en lui. Le plus grand danger est en effet votre peur de parent et pas la sienne.

Si votre enfant est un casse-cou, le problème ne se pose pas, mais si votre enfant est un grand timide, il faut le pousser et surtout ne pas en faire un enfant « s'accrochant au jupon de sa maman ». Le rôle du père est primordial dans ce cas de figure.

Le sujet reste complexe en soi et demanderait tout un livre pour le traiter, mais gardez surtout à l'esprit que la peur dont on a parlé jusque-là, celle des punitions, n'est surement pas un frein au courage de votre enfant.

Voyons ensemble comment ?

La peur que nous avons décrite jusque-là est celle de la punition, c'est-à-dire directement liée à une bêtise. Je vois mal comment une bêtise est indispensable au courage ! Je vous rappelle que l'enfant est assez intelligent pour directement lier sa peur avec le respect des limites, qui sont là pour le protéger. Donc il n'y aucune chance que cette peur intérieure soit la même que celle qui l'empêcherai de tester ses propres limites physiques et intellectuelles.

Identifier rapidement des problèmes de confiance en soi est primordial, maintenant qu'il est encore petit. Plus vous attendez, plus il va construire des choses par-dessus et finira par devenir une constante chez lui, même à l'âge adulte.

6.9. La Malice

J'éprouve un savoureux plaisir à traiter de ce sujet, tant on adore les enfants malins et pleins d'énergie.

La malice n'est pas un trait de caractère, **c'est du pur cumul d'expérience, essentiellement lié au milieu dans lequel l'enfant a grandi**. Rappelez-vous ces enfants des rues qui vous baratinent et vous piquent un peu d'argent ou quelques chose. Ça n'est pas un trait de leur caractère à chacun mais un résultat de leur vie d'errance et de démerde au quotidien.

Dans ce bas monde que nous habitons aujourd'hui, une dose de malice devient de plus en plus indispensable. Certains parmi vous diront que non ou que ça risque de bousiller tous les efforts consentis pour l'éducation.

Posez-vous la question : Quel est votre objectif pour votre enfant ? Si c'est bien de le préparer au mieux pour affronter la vie, alors une bonne dose de malice est de mise.

Je suis actuellement en train de rassembler les méthodes pour y arriver sans toucher à son éducation et j'en ai déjà trouvé une assez efficace : lorsque votre enfant vient vous raconter une histoire mensongère pour obtenir quelque chose et vous ne vous en rendez pas compte sur le moment, laissez la passer. Ne revenez pas dessus pour le punir par la suite, mais ne lui montrez pas non plus que vous avez bien détecté le mensonge et l'avez laissé passer.

La Malice n'est pas un trait de caractère. C'est un cumul d'expériences de démerde réussies.

Ceci lui laissera une expérience réussite qui en appellera d'autres et ça sera à vous de doser. De cette façon, vous serez au moins sur que votre enfant sera plus malin que vous ! Si vous êtes timide, ça ne peut être qu'une bonne chose.

6.10. Synthèse

- L'enfant se sent perdu quand il quitte son chemin balisé et se trouve confronté à des choix qu'il est incapable de faire et des questions qui le dépassent complètement.

- L'être humain de pose des questions métaphysiques dès son jeune âge : Qui suis-je ? A quoi sert la vie ? Ou vais-je ? Quand il est dans son chemin bien délimité par les limites, il échappe à ces questions puisqu'il n'a pas à choisir. Vous le faites pour lui.

- Les bêtises à répétition sont donc un appel au secours de votre enfant pour le sortir des abysses pour lesquels il n'est pas préparé. C'est pour cela que les éducateurs et psys disent « il est complètement perdu et ça le fait souffrir ».

- Une punition doit faire mal physiquement, sinon ça ne sert à rien car l'enfant s'y habituera très vite et ne la craindra plus.

- Une punition doit aller en augmentant en fonction de la gravité et de la récidive. Définissez une échelle est tenez-vous-en.

- Du bon usage de la fessée : sachez ce qu'il faut éviter.

- Je pense qu'une maman qui a bien commencé l'éducation de ses enfants, peut la parachever sans jamais avoir besoin du père. On a tant d'exemples réussis dans notre société.

- Le père est là pour rassurer maman et enfants et surtout pour corriger la trajectoire d'un enfant qui commence à perdre le chemin et le préparer aux dures nécessités de la vie.

- L'autorité ne se discute pas. Arrive un moment où il ne faut plus expliquer, mais fermement dire « c'est ainsi et c'est pas discutable ».

- L'autorité remet l'enfant dans le tunnel de ses droits, en substituant l'angoisse des abysses par la peur des punitions.

- La peur que vous utilisez comme outil pour le mettre dans le droit chemin ne viendra en aucun cas briser son courage. Rappelez que « Pas de courage sans peur ».

- Le courage est déterminé par le taux de réussite de ses expériences d'apprentissage. Plus il réussit, plus il devient courageux. Alors aidez le surtout à travers le jeu. Ne l'assistez pas trop et laissez-le se faire mal de temps à autre, ça forge le caractère.

- Dans ma quête des choses premières, j'ai eu du mal à accepter que la malice soit un trait de caractère fixé à la naissance. Je pense que la malice est un acquis, résultat de cumul d'expériences de démerdes réussies. La malice n'a rien d'amoral en elle-même. C'est juste un outil, une méthode.

- Comme il se fait mieux d'être malin par les temps qui courent, voici mon conseil pour la développer chez votre enfant. Quand votre enfant fabrique une histoire pour obtenir quelques chose et que ça marche sur vous, surtout ne le punissez pas une fois que vous avez découvert la ruse. Si sa ruse est trop banale, dites non et ça l'obligera à faire un meilleur scénario la prochaine fois.

7. Privations, Rêves et Ambitions

7.1. L'enfant Gâté

Nous allons maintenant aborder un sujet qui me parait de plus en plus critique pour certaines sociétés, pour beaucoup de sociétés, c'est celui de la prolifération des enfants gâtés.

J'ai toujours trouvé marrant qu'on dise « Les enfants étaient chez les grands parents et ils nous les ont pourris » ou encore mieux la traduction anglaise du mot « gâté » qui se dit « spoilt child », littéralement « enfant gaspillé ». Les expressions populaires sont la mémoire de notre civilisation. Voyons ce que ça cache.

Un enfant gâté est une victime des méthodes d'éducation de ses parents.

Décrivons le comportement d'un enfant gâté :

- Il n'écoute personne ou seulement après plusieurs répétitions,
- Il ne respecte ni ses semblables, ni les adultes, à commencer par ses parents, surtout sa mère,
- Et surtout il n'en fait qu'à sa tête.
- Mesdames, si vous en êtes à ne plus visiter des gens à cause du comportement de votre enfant, il est peut-être du côté des gâtés...

Un enfant gâté aimera qu'on parle de ses droits, jamais de ses devoirs ou obligations. Il ne pense qu'à s'amuser et se sent complètement perdu, même s'il ne l'exprime pas.

Nous allons voir qu'un enfant gâté est surtout le résultat des méthodes de ses parents, je dirai même la victime de ces méthodes. Rappelez-vous l'exemple du chemin balisé réclamé, on va y faire référence en permanence.

7.2. Niveau Social & Confort Matériel

Il me semble central de donner une importante précision quant à la définition de l'enfant gâté. J'entends déjà beaucoup de parents dire que « nos conditions matérielles sont tellement basses qu'on n'a pas les moyens de le gâter », ou alors « il est loin de vivre comme ses semblables à l'école, comment peut-on dire qu'il est gâté ? ».

Un enfant gâté n'est pas celui qui reçoit plein de cadeaux, c'est celui à qui on ne dit pas NON.

« Gâté » n'est pas lié au niveau de vie de la famille ni à celui du milieu dans lequel vit l'enfant, il est simplement défini par rapport à ce que vous offrez à vos autres enfants par rapport à celui en question et surtout par rapport aux demandes qu'il formule lui-même. Les enfants n'ont pas tous les mêmes demandes, certains demandent rarement alors que d'autres formulent une demande par heure. La demande en soi n'est pas toujours celle expressément formulée par l'enfant, ça peut être une simple envie décrite par un geste ou autre (comme sortir jouer ou utiliser tel ou tel jouet ou alors regarder la télé).

Donc il est indispensable de vous enlever de la tête qu'un enfant gâté est celui qui a des cadeaux en permanence, un enfant gâté c'est simplement un enfant *à qui on ne dit pas NON*.

Dans les familles modestes, le gâté est la plupart du temps le petit dernier, qui focalise toutes les attentions et surtout qui obtient tout ce qu'il veut, sans que personne ne lui dise non.

Dans les familles aisés, on parle plus de celui qui a tout ce qu'il lui faut et on ne comprend pas son attitude, son égoïsme.

> **Un enfant gâté est un enfant qui s'est habité à ce qu'on ne lui dise pas NON. Il considère donc que tout lui est acquis.**

Le meilleur des exemples qui me revient à l'esprit est celui du couple issu de milieu modeste qui finit par s'en sortir, et vous dira, « je veux offrir le meilleur à mes enfants, je ne veux pas qu'ils connaissent les mêmes galères que nous avons connues ». Mais c'est le passage par cette galère qui vous a forgé votre personnalité, laquelle vous a permis de changer votre condition matérielle et sociale ; et vous aimeriez que votre enfant « fasse mieux » !! Là est toute la question : « Est-ce qu'en le débarrassant de cette première phase de galère, il se dira : bon à moi de jouer maintenant, je n'ai aucune excuse ». Je sais et vous savez que même si vous aimeriez bien qu'il se dise cela, c'est loin d'être le cas.

Nous allons essayer de voir ensemble le pourquoi ; que l'on parte sur la voie morale du « il devrait être reconnaissant » ou la voie de la logique « il devrait être conscient de la chance qu'il a », le résultat sera le même :

votre enfant ne voit pas les choses ainsi, du moins à cet âge et donc il va falloir trouver une autre méthode pour le pousser à agir dans la bonne direction, pour qu'enfin viendra un jour, une fois qu'il aura réussi, de dire ce que vous espériez entendre.

7.3. Je veux offrir le meilleur à mon enfant

Qui d'entre nous n'a pas prononcé cette phrase ; certains diront que c'est dans la nature même des choses, chaque famille évoluant, veut mettre son enfant dans les meilleures conditions pour faire mieux. Ceci part donc d'une bonne intention (et je ne vais pas oser vous sortir le dicton de « L'enfer est pavé de bonnes intentions »), mais la question centrale est : Est-ce une question de point de départ, plus ou moins facile ? Ou est-ce uniquement dans nos têtes de parents ?

Surtout ne dites jamais « Je veux offrir le meilleur à mes enfants et surtout qu'il ne connaisse pas les galères que j'ai connues ».

Je ne vais pas m'attarder sur les nombreux exemples, mais vous verrez bien autour de vous toute la panoplie des destinées : celui qui est parti de zéro pour aller très loin, bien loin que celui qui est parti d'une position plus confortable. Bien sûr que ça sera plus galère pour celui qui part de zéro, mais je ne peux que louer les bienfaits de ces galères. Bien sûr, on me dira qu'on parle de cas particuliers et que généralement les enfants de gens aisés réussissent mieux. C'est tout à fait faux.

La seconde chose que je voulais dire aux parents aisés est que les conditions de départ ne sont pas les plus importantes. Il faut faire naître l'envie, la volonté, le rêve chez votre enfant et ce dès son plus jeune âge. On me raconte malheureusement beaucoup d'histoires d'enfants non reconnaissants, irresponsables et incapables, pourtant, ils avaient des conditions idéales pour réussir.

Je me souviens encore de mon père qui me disait à la lettre : « si ça tenait à moi, j'aurai aimé que tu voles et non que tu marches ». Chaque parent de famille modeste aimerai mettre son enfant dans de meilleures conditions pour l'aider à réussir, mais je vous le dis clairement : PEU IMPORTENT LES CONDITIONS, ce qui compte c'est d'amener votre enfant à vouloir quelques choses de bien, voire de grandiose et de le soutenir avec vos moyens.

Vous pensez qu'avec un meilleur départ, il ira plus loin ?! Pourtant en faisant de la sorte, vous le handicapez à vie.

Votre soutien moral est bien plus important que le matériel. S'il le veut, il l'aura. Ça me rappelle la réplique de Will Smith dans le film tourné avec son propre fils, justement intitulé *A la recherche du bonheur* : « Si tu as un rêve, tu dois le protéger… Si tu veux quelque chose, tu peux l'avoir, point final ».

Je vais essayer de vous parler du comment amener votre enfant à avoir un rêve ; c'est la question centrale de ce chapitre. Mais avant, permettez-moi de continuer à diagnostiquer le cas de l'enfant gâté.

7.4. Un superficiel qui ne pense qu'à s'amuser

Très tôt, notre jeune prince montre des signes graves : pas envie de faire ses devoirs, pas envie d'avoir aucune obligation et on dit que c'est normal, son Ego+ n'aime pas qu'on lui donne des ordres et sa balance Ego-Peur est déficitaire. Mais ne vous y trompez pas, la balance est plutôt une jauge de moralité et d'obéissance, mais là on parle vraiment d'envie profonde de ne rien faire de contraignant. Il ne veut en faire qu'à sa tête et surtout il ne pense qu'à s'amuser de façon basique, fuyant tous les jeux qui peuvent l'amener à réfléchir ou à se contrôler.

Plus tard, vous découvrez combien c'est difficile de lui faire faire ses devoirs et de l'intéresser à quelques choses. Vous voyez votre enfant s'amuser « bêtement », ne voulant pas faire le moindre effort ou vous écouter pour le guider dans des activités importantes pour son développement cognitif. Cela dit, il sera toujours très bon dans les activités extérieures et sportives, mais pas dans tout ce qui demande de faire marcher ses méninges. On dira que c'est un instinctif, un sportif... eh bien NON, au fond de vous-mêmes vous savez bien que c'est juste un imbécile et vous ne savez pas quoi faire. Il peut être gentil ou méchant à ce stade, mais c'est clair, il ne veut surtout pas avoir de contraintes.

Quand vous le voyez discuter avec ses amis, vous devinez que ce n'est pas un intellectuel et surtout que les sujets évoqués sont aussi superficiels que sa bande d'amis. D'ailleurs, un groupe qui ne vous plait pas du tout et que bientôt, vous l'accuserez d'être à l'origine de l'échec de votre enfant.

Quand on regarde de plus près, on s'aperçoit que cherchant à s'amuser tous les jours, on voit bien que finalement, il s'intéresse à beaucoup de choses, mais ça ne dure jamais, comme s'il cherchait quelque chose qu'il ne sait pas lui-même ; avec plus d'attention, on dirait même qu'il fuit quelques chose qu'il ignore complètement. Je vous en parlerai plus loin.

7.5. Il s'ennuie et ne s'intéresse à rien

Plus grand, bien après ses six ans, vous l'entendez beaucoup dire « je m'ennuie ». Au début, vous trouverez ça normal, en fonction du contexte mais ça devrait vous déranger si ça devient répétitif. En effet, si vous ne faites aucune correction de trajectoire, ceci restera jusqu'à âge adulte.

Autant vous dire que nous ne sommes pas faits juste pour nous amuser. Beaucoup de riches l'ont pensé et ont mal fini.

Je vous ai parlé plus haut des petits intérêts d'un instant qui disparaissent par la suite. Il n'arrive pas à en trouver car, au fond, il ne s'intéresse à rien. Mais pourtant il s'amuse bien. Tout est tourné vers l'amusement, le jeu et plus tard vers le sexe et ses dérivés (jeux, séduction…). Il trouve bien sur beaucoup de plaisir lors de ces jeux, mais on dirait que ce n'est pas suffisant. Il faut toujours qu'il aille plus loin et ça finit vite par déborder.

Le fait qu'il ne sache pas ce qu'il cherche (et dans le plaisir, ce qu'il veut exactement), veut simplement dire qu'il n'est pas sur le fameux chemin balisé par les limites… vous me direz, oui, on le sait déjà mais quel rapport ?

7.6. Les fossés du bord de route

Autour de la fameuse route balisée par les limites et les règles, il y a en effet des fossés pour lesquels un enfant n'est pas encore près ; je connais même beaucoup d'adultes qui ne le sont pas non plus.

La route est celle que vous tracez pour votre enfant. S'il ne la voit pas, il tombe dans le fossé métaphysique du « Qui es-tu ? »…

Ces fossés sont de simples abysses qui posent toutes les questions métaphysiques desquels notre civilisation actuelle nous a trop éloignés. C'est le fameux « QUI ES TU ? ». Déjà qu'en étant adulte, on a du mal à trouver une réponse, imaginez la violence de la question chez un enfant…

D'où vient cette question ? j'espère vous en donner une réponse dans un prochain livre qui se focalisera sur cette chose qui habite notre inconscient, nos abysses. Par notre action, nos choix, notre vie, nous cherchons toujours une réponse à cette question. Il suffit qu'on se sente un peu perdu et elle refait surface. On la connait surtout lors de la crise de la quarantaine surtout chez les hommes, on lui attribue aussi les crises d'angoisses et les dépressions de nos jours.

Tôt ou tard, on finit par devoir y répondre, mais il ne faut surtout pas que ça arrive quand on est enfant, d'où l'utilité de la route balisée par les limites. Vous comprenez maintenant pourquoi est-ce que tous les psys nous parlent « il se sent perdu, ne sais pas quoi faire, il souffre ». Tous les psys ont déjà identifié cette souffrance chez l'enfant.

En voilà l'explication simple : Sans la route balisée, votre enfant risque de tomber dans le fossé, dans lequel il sera confronté à des questions métaphysiques auxquels il n'est pas du tout prêt.

Sans limites, l'enfant finit par quitter la route. Seuls les rêves ouvrent la route, ils partent en éclaireurs et nous tirent vers l'avenir.

Souvenez-vous maintenant pourquoi on a parlé de l'activation de la peur pour instaurer les limites. Sans limites, l'enfant finit par quitter la route, s'exposant à des dangers innombrables. S'il fait du sur-place, il tâtonnera et quittera ensuite la route. Ce que je ne vous ai pas dit jusque-là, c'est que ce sont les REVES qui ouvrent la route.

Mais, pourquoi si on respecte les règles et qu'on reste sur la route à l'arrêt ou à tâtonner sans avancer, on finit par la quitter ? Voilà une profonde question à laquelle je compte consacrer des chapitres dans mes prochains écrits et sur laquelle je ne peux m'attarder maintenant.

7.7. Les Rêves ouvrent la route

La vie est un fleuve en mouvement. Tout ce qui nous entoure est en mouvement. Rien n'est à l'arrêt, même si on ne le perçoit pas. Et nous humains, nous y sommes invités et malheureusement, on ne peut rester sur le bord. Nous sommes obligés et conçus pour y plonger. Si on s'arrête, on est pris par le flux et si on s'accroche, on se retrouve confrontés à nous-mêmes, avec des questions métaphysiques, du genre « d'où je viens, ou je fais, à quoi je sers... ». Ce questionnement est permanent et fondamental dans notre psyché. Il est violent, déstabilisant et trop complexe.

Tu avances ou tu te perds dans l'angoisse des questions « qui je suis, d'où je viens, à quoi je sers, ou je vais... »

Alors, vu que la nature est bien faite, il faut qu'on puisse atteindre l'âge adulte avant de devoir y répondre. Comment ? En les fuyant (ce que nous ferons à l'âge adulte). Ou encore mieux, en évitant de découvrir leur existence. Et comment ?

Eh bien, vu qu'on est pris dans le flux et qu'on doit avancer, autant le faire avec un objectif, mais pas n'importe lequel. En plus, étant encore enfant, comment se dire que je dois me fixer un objectif ? Déjà qu'étant adulte, c'est difficile à faire et à tenir. Cet objectif doit donc être bien ancré dans la psyché et malheureusement pour nous parents, on ne peut le créer par décret chez nos enfants. Il faut que ça vienne d'eux et c'est là tout le secret et toute la beauté de la chose. Et il existe bien une chose chez l'humain qui remplit tous ces critères et dont on peut abuser à volonté.

Et la nature créa les Rêves. Ils sont puissants, omniprésents et moteurs chez l'être humain. Et surtout ils ouvrent la fameuse route. Ils ne la balisent pas mais forcent l'esprit à rester focalisé dessus.

Donc si l'enfant possède des rêves, ils vont occuper tout son esprit. Quand il joue, il est pris par le plaisir de s'amuser. Quand il fait ses devoirs, il sait à quoi ça servira. Et quand il est seul, il se perd dans ses rêveries, il construit sa vie, son monde et quand il vous dit qu'il s'ennuie, il cherche la découverte parce qu'il déteste l'inaction. Il ne va pas tomber dans les abysses parce qu'il n'a simplement pas le temps. Il ne les connaitra en effet jamais avant l'âge adulte.

Les rêves sont notre raison de vivre, ils sont puissants et ont un énorme impact sur notre psyché. Ils nous poussent tous les jours. C'est un moteur secondaire bien plus puissant que l'Ego+. Je trouve ça merveilleux.

7.8. Un Moteur plus puissant que l'Ego2+

En termes de puissance et de longévité motrice, les Rêves sont bien plus puissants que l'Ego+ ou l'Ego2+.

Le processus des rêves vient en effet se substituer aux ordres de l'Ego+ qui sont généralement orienté vers du court terme. L'Ego+ se sert maintenant pour ces besoins immédiats alors que les rêves introduisent la notion de planification chez l'humain. Je veux atteindre tel objectif, je ferai tout pour y parvenir.

Les rêves viennent en effet se substituer aux besoins immédiats de l'ego+ et surtout ils éclairent bien la route et forcent à rester concentré dessus ; un rêveur sera donc une personne plus table, plus réfléchie. Généralement, ils passent une adolescence moins mouvementée que les superficiels.

7.9. Aux Origines des Rêves

Chaque enfant sera conditionné par son environnement, c'est-à-dire sa famille, surtout ses parents, frères et sœurs et son école. Le comportement de tous autour de lui va façonner le sien et peut être de ce qu'il sera plus tard.

Faire naître le rêve chez votre enfant et l'aider à le réaliser est le plus beau cadeau que vous pouvez lui faire.

Avec son Ego+, tout être humain est porté à désirer des choses, la plupart du temps, matérielles dans un premier temps : un jouet, des vêtements, un vélo… tout dépendra de son milieu social. Ça peut donc aller d'une simple voiture téléguidée, à un téléphone portable jusqu'à une Rolex ou une voiture de course. Avec l'avènement de la télé et d'internet, les rêves peuvent être complètement déconnectés de l'environnement de l'enfant, mais uniquement à partir d'un certain âge.

Mais la question centrale n'est pas tant autour de l'objet désiré, mais du processus qui y a mené. Comment voulez-vous que votre enfant ait des rêves si vous lui donnez tout ce qu'il désire ? Comment voulez qu'il ait des rêves s'il reçoit toujours son cadeau préféré au détriment de ses frères, même si on parle d'objet de petite valeur commerciale ?

S'il est habitué à tout avoir, il ne fera que prendre celui des autres quand il désirera quelque chose. Mais s'il n'est pas habitué à tout recevoir, une petite envie se formera au fond de lui, son esprit la construira d'avantage et finira par une quai-obsession. Ensuite partant de cet objet désiré, il va le transformer en moyen intermédiaire, « il faut que je gagne de l'argent pour pouvoir me l'offrir » et un jour, il vous dira : « je veux devenir pilote de ligne ».

Mais quel rapport avec la petite frustration initiale ? Vous avez en effet déclenché le processus des Rêves chez votre enfant ; continuez à l'alimenter par du courage et **surtout ne lui donnez jamais TOUT ce qu'il désire**.

7.10. De la Définition de la Privation

Le rêve prend toujours son origine dans une privation, que l'enfant ne considère pas comme une injustice. Une frustration créée par son environnement et que les parents ne peuvent ou ne veulent pas éliminer en lui achetant l'objet de son désir.

Et gardez bien à l'esprit que ceci ne dépend en aucun cas du milieu social. Le rêve est une vérité universelle. Seul son objet peut différer d'une personne à une autre. Son déclencheur est aussi universel, une privation non vécue comme une injustice.

Le terme « privation » ayant surement choqué certains d'entre vous, je tiens à préciser que ce qui importe c'est surtout de lui dire NON pour certaines choses. Expliquez-lui qu'on ne peut pas lui exhausser son vœu et que ça demande beaucoup de travail pour y arriver.

Mon conseil est le suivant : prenez la moyenne de ce qui se fait dans son environnement direct (vêtements, jouets, objets…) et faites en sorte qu'il lui manque toujours au moins 30 % de ce qu'il voit. J'aurai aimé vous dire 60 à 70%, mais beaucoup de mamans vont crier à l'injustice. Croyez-moi que même s'il ne possède rien, il se construira de très beaux rêves et les réalisera.

Le rêve prend toujours son origine dans une privation vécue avant l'adolescence. Une fois déclenché, un rêve peut en appeler un autre.

Ne confondez pas le processus qui consiste à avoir des rêves et celui de les réaliser, ils sont complètement différents. L'un nait au fond de notre psyché et l'autre dépendra des choix qu'on fera à tout moment de notre vie, il dépendra aussi de la différence entre le degré d'exigence du rêve et celui de la persévérance ; vous ne pouvez être exigeant dans vos rêves et ne pas l'être avec vous-même.

Déclencher le processus des rêves est une condition nécessaire mais non suffisante (les restes de mes cours de maths de prépa !!). En effet, un rêve doit être entretenu et poursuivi, il lui faut ténacité et persévérance, donc vous pouvez très bien passer vos journées à rêver de devenir astronaute, sans rien planifier pour y arriver. Et vous passerai ainsi d'un rêve à l'autre sans rien réaliser in fine. Nous reviendrons sur ces notions dans un autre écrit.

Mais revenons au déclenchement du processus. Si ce déclenchement n'est pas opéré bien avant les 4 ans, ça sera trop tard ; l'enfant n'aura pas de grands rêves à poursuivre et finira par devenir un superficiel. Il est donc important de l'habituer à accepter le NON dès son jeune âge pour ensuite lui expliquer qu'il n'est pas possible aux parents d'accéder à toutes ses demandes, ça demande beaucoup de travail.

La privation ne se juge pas par rapport au niveau social, elle est simplement dans l'habitude de dire NON à votre enfant.

Vous lui apprendrez ainsi la valeur du travail dans son sens le plus basique. Pour avoir quelque chose, il faut travailler, il faut donner de soi-même, il faut des choix, des concessions. S'il voit que les choses sont faciles à la maison, il finira par croire que la vie est facile, pour enfin recevoir le premier coup qui lui fera trop mal.

7.11. Rêves et Adolescence

Bien que je n'ai pas encore fini de l'étudier, la période de l'adolescence se passe généralement beaucoup mieux avec ceux qui ont des rêves, des objectifs, qu'avec ceux qui n'en ont pas, les vrais superficiels.

L'entrée à l'adolescence passe par l'activation naturelle des pulsions sexuelles qui viendront tout de suite se heurter aux contraintes et interdictions sociales. Viendra ensuite la période de la recherche de l'émancipation. L'adolescent veut décider seul et faire ce qu'il décide, ce qui va se heurter aux règles parentales et à leurs conditions non négociables.

Imaginez alors un ado arrivant à cet âge, complètement perdu, encore en train de batailler avec les abysses, superficiel, ne sachant pas ou il veut aller ni comment le faire. Vous y ajouter la violence des pulsions sexuelles réprimées et la recherche de liberté pour la moins chaotique. Vous obtenez un mélange explosif qui donne une crise d'adolescence aigue.

Le Rêveur passera une adolescence bien plus stable qu'un Superficiel Perdu.

Je ne dis pas que ceux qui ont des objectifs ne passent pas par cette crise, mais elle est généralement bien moins violente. Les objectifs resteront le principal moteur de l'ado et même s'il explorera ses pulsions sexuelles et sa recherche de liberté, ses rêves le ramèneront toujours sur la bonne route, avec votre aide bien sûr.

Pour le cas des superficiels, je crains le pire, qui finit malheureusement par se produire. L'Ego+ étant le moteur primaire, l'être humain se cherchera un autre moteur secondaire qui conditionnera le reste de sa vie. Sans les rêves, et à l'arrivée des pulsions sexuelles et des envies de liberté, notre ado finira par se choisir un autre moteur secondaire, qui reste centré sur l'amusement mais peut dévier vers la satisfaction sexuelle chronique ou le championnat de la désobéissance à ses parents. Son nouveau moteur sera « je n'en fait qu'à ma tête ». Difficile avec une tête qui ne contient pas grande chose.

Quant à notre rêveur, qui a bien compris le sens de la valeur travail, le pire de ce qu'il peut lui arriver, c'est de bien travailler pour gagner sa liberté…

7.12. Votre argent détruira votre enfant

Dans une société où les principales préoccupations des parents sont l'éducation et les études de leurs enfants, je vous ai donc présenté le meilleur outil pour tous : enfant, parents, école et société. Faites des rêveurs…

Mais faites attention au rapport à l'argent.

> **Analysez en profondeur votre rapport à l'argent. Ne détruisez pas votre enfant avec votre propre argent.**

Je vous ai déjà parlé du fameux « je veux donner le meilleur à mon enfant ». Bien entendu, ça part d'une bonne intention, mais en fait, ça part surtout d'un problème qui est en vous et non en votre enfant. Pardonnez-moi d'être aussi direct.

Trois possibilités : ou bien vous avez un vrai complexe avec l'argent et vous devez le résoudre OU vous êtes trop émotionnel, surtout les mamans OU alors vous utilisez l'argent pour vous débarrasser d'un problème, votre enfant. Je sais c'est violent, mais ce n'est que la vérité.

Pour les parents modestes, les choses sont plus simples. Ils ne peuvent pas offrir l'objet à leur enfant et ils vont lui expliquer, avec parfois une dose de tristesse. J'aimerai bien te l'offrir, mais je ne peux pas. L'enfant comprendra parfaitement.

Pour les parents aisés, les choses sont plus complexes surtout dans leurs têtes. Si je peux le lui offrir, pourquoi le priver ? Pourquoi le faire souffrir, alors qu'il peut rêver de choses bien plus grandes ? A chaque fois que vous lui offrez ce qu'il désire, il va finir par comprendre qu'il suffit de demander. Le jour où vous cessez de donner, il ne l'acceptera pas et passera par tout moyen contourné pour l'avoir, quitte à vous le voler. Pourquoi ? Il prend cela pour un devoir de votre part, un droit absolu pour lui. Allez par la suite expliquer à un superficiel que ce n'est pas un droit et qu'il faut qu'il bosse pour obtenir ce qu'il veut...

Donc plus vous donnez, même pour des petites choses, plus il le prend comme un droit acquis. Pourquoi voulez-vous qu'il travaille plus tard ?

Dans l'autre cas de la maman qui ne résiste pas aux demandes, je lui dis de faire attention car malheureusement elle sera la première victime de son action. Un enfant est très intelligeant et il saura toucher émotionnellement sa maman pour parvenir à sa fin. Si ça ne marche pas, il n'hésitera pas à la manipuler, comme la faire culpabiliser. Plus tard, avec plus de force physique, il n'hésitera pas à l'agresser.

Et enfin le cas le plus grave est celui des parents qui donnent à l'enfant ce qu'il veut, juste pour s'en débarrasser, car il est trop occupé par autre chose. Non seulement, vous enlevez la raison de vivre à votre enfant, mais en plus, vous ne vous en rendez même pas compte, à cause de votre négligence. Et attention, l'enfant est intelligent ; s'il voit que ça marche bien quand vous êtes occupé par une tâche bien identifiée (match de foot, téléphone client, moment de solitude à écouter votre musique préférée...), il ne fera sa demande qu'à ce moment-là pour augmenter ses chances de réussite.

Donc, ne bousillez pas vos enfants avec votre propre argent.

7.13. Travailler pour obtenir ce qu'on désire

Avoir un objectif dans la vie est devenu plus que jamais indispensable. Le progrès technologique a en effet apporté beaucoup de confort et les gens moyens disposent de bien assez de temps libre, après avoir assuré leurs besoins primaires (que je ne vais pas citer pour éviter de m'étaler sur Mr Maslow). Avant, les gens galéraient physiquement pour gagner leur pain, ils galéraient tellement qu'ils n'avaient pas le temps pour ces questions métaphysiques.

> **Apprenez la valeur « travail » très tôt à vos enfants pour bien orienter leurs rêves vers la vertu et non vers les raccourcis.**

Aujourd'hui, personne ne peut vivre sans objectif, même votre petit bébé. Alors aidez le à en choisir un ; pas en lui proposant ou en le poussant, vous savez qu'il est encore trop jeune pour ça, mais par contre, déclencher le fameux processus chez lui tout de suite. Comment ? Par la Privation choisie.

Toutes ces petites « frustrations », ces envies non exhaussées vont petit à petit s'accumuler et pousser l'enfant à une réaction. Devant l'impossibilité pour lui de faire quelque chose tout de suite, il va accumuler cette envie et commencera à la diriger vers une direction bien précise.

En effet, un jour, une de ses envies le marquera plus que les autres et dirigera préliminairement ses envies vers son premier rêve. Je trouve ça merveilleux. Si tu as envie de quelques choses que tu ne peux avoir étant petit, un processus très puissant viendra t'aider à le faire : un rêve omniprésent qui te poussera toujours pour l'accomplir, peu importe que tu réussisses ou pas, mais le principe du « je travaille pour avoir ce que je désire est définitivement acquis ».

Vous n'aurez pas à lui répéter : Fais un effort stp.

7.14. Rendez lui sa Raison de Vivre

Maintenance qu'il a compris ce que sera son meilleur allier dans cette vie, c'est-à-dire son travail, le processus ne cessera d'évoluer, pour votre grand plaisir (si vous êtes bon observateur des attitudes et des mots).

Il commencera par dire le fameux « quand je serai grand, je … ». Quelques soit ce qui suivra, ça sera bon pour son âge. Vous pouvez déjà commencer à le guider si vous voulez (c'est possible tant que c'est encore frais), mais ne poussez pas trop, du moins de soyez pas trop précis pour l'instant. Parlez leurs des métiers selon votre opinions et pas celle des psys ou de la télé. C'est votre enfant et je pense que c'est votre droit et même devoir de le guider dans la bonne direction. N'oubliez pas que dans tous les cas, le processus est déclenché et les rêves se multiplieront jusqu'à la focalisation sur un principal.

Félicitations, vous venez de donner à votre enfant sa raison de vivre.

Poussez-le tous les jours et ouvrez lui des perspectives pour réaliser ses propres rêves et non les vôtres.

Mais pitié, ne lui dites jamais « tu ne pourras pas, c'est trop difficile, on n'a pas les moyens... ». Croyez en la destinée de tous. Les opportunités sont partout, alors n'y mettez pas votre touche de réalisme avant l'adolescence. Par contre, n'hésitez jamais à lui rappeler qu'il faut bosser toujours plus pour réaliser « ton propre rêve ». Appuyez où ça fait mal utilement. Poussez-le et ouvrez-lui de nouvelles perspectives, c'est ce qu'un enfant attend de votre expérience de parent.

7.15. Synthèse

- Un enfant gâté n'est pas celui qui reçoit plein de cadeaux, c'est celui à qui on ne dit pas NON. Il est victime des méthodes d'éducation de ses parents.

- Surtout ne dites jamais « je veux offrir le meilleur à mes enfants et surtout qu'ils ne connaissent pas les galères que j'ai connues ». Vous pensez qu'avec un meilleur départ, il ira plus loin ?! Pourtant en faisant de la sorte, vous le handicapez à vie.

- Analysez en profondeur votre rapport à l'argent. **Ne détruisez pas votre enfant avec votre propre argent**.

- La route est celle que vous tracez pour votre enfant. S'il ne la voit pas, il tombe dans le fossé métaphysique du « Qui suis-je ? »

- Sans limites, l'enfant finit par quitter la route. Seuls les rêves ouvrent la route, ils partent en éclaireurs et nous tirent vers l'avenir.

- Faire naître le rêve chez votre enfant et l'aider à le réaliser est le plus beau cadeau que vous pouvez lui faire.

- Le rêve prend toujours son origine dans une privation vécue avant l'adolescence. Une fois déclenché, un rêve peut en appeler d'autres.

- La Privation ne se juge pas par rapport au niveau social, elle est simplement dans l'habitude de dire NON à votre enfant.

- Les rêveurs sont plus stables et plus réfléchis. Leur adolescence est moins mouvementée que celles des superficiels gâtées.

- Le superficiel ne veut rien faire que s'amuser. Il n'accepte pas les obligations et finira en Ego2+ dont vous serez la première victime.

- Autant vous dire que nous ne sommes pas faits juste pour nous amuser. Beaucoup de riches l'ont pensé et ont mal fini.

- Apprenez la valeur « travail » très tôt à vos enfants pour bien orienter leurs rêves vers la vertu et non vers les raccourcis.

- Poussez le tous les jours et ouvrez lui des perspectives pour réaliser ses propres rêves et non les vôtres.

8. Haine, Colère & Injustice

8.1. Injustice

Juste après avoir reçu mon titre d'ingénieur, je me suis dit, maintenant je vais enfin étudier ce dont j'ai envie, un bon travail était la principale raison de mon diplôme d'ingénieur. Et là, je n'ai pas hésité longtemps avant de m'inscrire en Droit, par correspondance bien entendu. Comme vous l'imaginez, par contrainte de temps et quelques complexes dominants, je n'ai jamais pu être là pour passer les examens. J'étais à l'époque expatrié en Afrique de l'Ouest.

Il y avait UN aspect qui me fascinait dans le droit, c'est le droit constitutionnel et surtout en filigrane, la philosophie du droit, c'est à dire l'origine de ses fondements. Peut-être que j'ai mal lu ou mal compris, mais j'avais découvert que le cœur et le fondement de la justice repose sur la Morale. Même si on connait tous sa définition et le fameux Bien et Mal, les auteurs avaient beau chercher dans la philosophie de l'Ethique, ils ont fini par confirmer une seule source juridique claire, c'est la religion. Mais est-ce suffisant ?

Je me suis alors lancé dans la recherche des origines du mal et du bien chez l'être humain et je pense avoir trouvé un élément de réponse. Je suis sûr que cela va choquer beaucoup d'entre vous, croyants ou pas d'ailleurs.

En effet, tout est complexe dans la vie d'un homme, mais l'injustice « qui est en lui » ne peut avoir pour origine que son éducation et l'environnement dans lequel il a grandi. L'origine de toute nouvelle injustice est l'injustice subie. Je ne vais pas rentrer dans les détails dans ce livre, mais sachez que si votre enfant subit une injustice étant enfant il y a toutes les chances qu'il reproduise le même schéma avec les autres ou même avec ses propres enfants, parfois sans se rendre compte.

l'injustice fait naître la haine et la haine plante un premier point noir au fond de son âme ; pour les cartésiens, c'est une zone du cerveau qui est activée pour cette raison précise, originalement pour s'auto protéger, mais par la suite, elle deviendra autonome pour une raison triviale ; n'ayant pas de repères clairs et complets à cet âge, l'enfant considère que tout ce qui vient de ses parents est la normalité même et finit donc par être convaincu que « si on m'a fait ça, je peux le faire aux autres », « si on m'a fait ce mal, j'ai le droit de le faire aux autres »… Vous donnez ainsi le droit à cet enfant de faire mal aux autres et de se faire mal.

L'origine de toute injustice commise dans la vie de l'homme est une injustice subie.

Cette tendance instinctive à être agressif est déjà préexistante en lui et toute injustice vient la légitimer et lui ouvrir une porte que rien ne pourra fermer par la suite.

Mais qu'est-ce que l'injustice pour un enfant ? C'est tout acte ou parole qu'il voit, lui, comme injuste, à ce moment-là et dans son état de l'époque.

Les premiers de ces actes sont ceux vécus par l'enfant comme une humiliation de sa personne humaine. Eh oui, il a déjà une conscience bien développée qui monte la garde. Et là, tout est dans la forme, et surtout lors des punitions :

- Gifle… rien à discuter, si ce n'est que ce vous pouvez faire de plus horrible à votre enfant.

- Fessée pour une raison mineure, parce que le parent était énervé pour une autre raison.
- Privation de câlins, voire repoussé violemment, alors qu'il n'a rien fait de mal.
- Tout geste de domination que l'enfant ressent comme non justifié.

L'enfant comprend très bien que la punition est légitime s'il a dépassé les limites, s'il a été « méchant », la définition des limites et du méchant étant l'exclusivité des parents et des instituteurs, disons l'adulte.

L'enfant se dira toujours : « Si on m'a fait ce mal étant enfant, alors j'ai le droit de le faire aux autres ». Il a été trahi par ses plus proches.

Donc, punissez votre enfant tant qu'il le mérite, mais ne soyez jamais injuste envers lui et surtout ne l'humiliez jamais. **L'humiliation engendre la haine.**

Maintenant, est ce que cela se corrige ?

Supposons que vous avez puni votre enfant car énervé ce jour-là, comment faire ? Et est-ce que c'est trop tard ? Bien sûr que NON, sauf si c'est REPETITIF.

8.2. Humiliation et Injustice

L'enfant voit vos yeux quand vous le punissez. Il entend ce que vous lui dites et mesure vos gestes. Quelque chose en lui décrypte tout ceci pour enfin lui dire s'il ressent de l'humiliation. Je vous ai déjà dit que l'enfant a déjà une conscience tout à fait complète mais il a aussi une dignité qu'il a reçue en venant au monde que je ne saurai vous expliquer aujourd'hui mais elle bien là.

> **Votre enfant mémorise les injustices. Pour bien les identifier, mettez-vous à sa place. Si vous n'aimez pas, ne le faites pas.**

En fonction de son tempérament, grondez votre enfant injustement et fixez bien ses yeux, vous parlerez ainsi à sa dignité, qui vous dira d'abord pourquoi ? Et si vous ne corrigez pas, vous en voudra.

> **Ne soyez jamais injuste envers votre enfant et surtout ne l'humiliez jamais. L'humiliation engendre la haine.**

Je vous préviens que la mémorisation des injustices subies est tout à fait impressionnante. Ce sont d'ailleurs les évènements dont on se rappelle le plus facilement de son enfance, les évènements les plus marquants chez l'être humain et qui auront un rôle particulier tout au long de sa vie.

Donc la meilleure façon de différentier les humiliations des autres actes est simple. Mettez-vous à sa place et jugez. Si c'est humiliant, ne le faites pas.

Pour les injustices, autre que les humiliations, tout dépendra de l'âge. Pour les petits enfants, les fessées et le manque matériel ne sont pas vécu comme injustes. Plus tard, les privations matérielles ne le seront plus.

8.3. Des « Restes/Traces » d'Humiliation

Nous avons tous des restes, des traces d'injustices passées. Certaines sont très anciennes et d'autres sont bien plus récentes. Je vous dis ceci pour vous éviter les pensées torturantes du genre : « Ai-je bien évité tout acte ou parole qui laisserait une trace dans la psyché de mon enfant ? ». En effet, votre enfant en aura plusieurs au cours de son enfance, venant d'adultes ou d'enfants de son âge et ça peut être relatif à des sujets bien divers : matériels (objets, vêtements, loisirs…) ou bien pire (handicap, insuffisance naturelle dans tel ou tel domaine).

La lâcheté existe bien dès le jeune âge. Cela dit, ne vous en inquiétez pas outre mesure… Apportez les corrections nécessaires au bon moment pour éviter les effets secondaires (renfermement, détester l'école et les études…), mais le mal sera déjà fait et ce n'est pas aussi grave que ça en a l'air, je dirai même dans certains cas que cette souffrance, à travers le mécanisme des rêves se transformera en un objectif plus ou moins obsessionnel à faire mieux que les autres, en apparence un complexe d'infériorité mais surtout un moteur secondaire génial pour votre enfant.

Que pèseront ces blessures du passé face à sa réussite ? Absolument rien, voire même ça l'aidera à les guérir. Donc ne vous inquiétez pas trop, nous avons tous subit des humiliations plus ou moins graves tout au long de notre vie et ce n'est pas nécessairement handicapant.

D'autres blessures et humiliations laisseront par contre un sentiment très vif et influenceront toutes nos décisions. Certains seront même facilement perceptibles à l'âge adulte, nous les nommerons les complexes primaires. Cette notion sera développée dans un écrit destiné aux adultes.

8.4. Aux Origines de la Haine

La haine prend naissance quand il y a humiliation répétée chez l'enfant et même chez l'adolescent et l'adulte. C'est en effet la répétition du sentiment d'impuissance physique face à l'humiliation subie qui donne naissance à ce point noir au fond de l'être humain ; mais attention, ceci se produit uniquement si l'enfant ne comprend pas cette humiliation et n'arrive pas à lui trouver une justification. Il la perçoit en effet comme gratuite et tout à fait injuste.

L'être humain nait avec un fort sentiment de Dignité et d'Estime de Soi.

Faisons la différence entre la scène de fessée et celle d'un enfant battu par son parent ivre. Dans le premier cas, et quand l'enfant restera seul pour réfléchir, il fera tout de suite le lien entre la fessée et sa bêtise. Il ne vous en voudra pas, même s'il ne vient pas s'excuser.

Mais dans le second cas, il est face à une coercition physique qui le dépasse complètement et dont il ne comprend pas la cause. Pas besoin de faire une thèse vous expliquant que c'est injuste…

Je rappelle donc que l'être humain nait avec un fort sentiment de dignité et d'estime de soi. Et il a un excellent jugement pour l'identification de ces situations.

> **La haine enlève toute référence et toute limite et l'enfant finit par errer seul sans aucun repère.**

Faites très attention à vos gestes « gratuits », l'enfant doit comprendre pourquoi. Il est assez malléable pour tout comprendre, même si vous maquillez une injustice en une chose normale. Mais attention, dès qu'il a le moyen de faire des comparaisons, il s'en rendra compte et très vite, il se retournera.

Je n'ai pas encore étudié tous les effets de la haine, mais je crois que son effet sur la Balance est désastreux. Je pense même que c'est la seule chose qui puisse modifier la balance d'un enfant, du positif au négatif. La haine enlève toute référence, toute limite et l'enfant finira par errer seul, sans aucun repère. Le seul sur lequel il pouvait compter, son parent, l'a trahi et il se donne donc le droit de le faire aux autres.

L'injustice est amère et son gout est permanent. Elle peut être cachée dessous des apparences trompeuses, mais elle est destructrice de tout son milieu, à commencer par l'enfant lui-même.

L'agressivité gratuite n'a qu'une cause : la haine.

La haine n'a qu'une origine : l'injustice.

Alors soyez vigilants…

8.5. Moments d'Education ou d'Emotions

Afin d'éviter toute confusion dans la tête de nos enfants, faisons toujours en sorte de bien séparer les moments de câlines des moments d'éducation, impliquant des règles, des corrections de trajectoires et des punitions, donc des moments durs et qui doivent le rester.

> **Ne lui faites pas de câlins après une fessée ; cela remet en cause la légitimité de la punitlon et fait oublier son objectif.**

Si vous mélangez ces moments durs avec des câlins, une énorme confusion s'installera et ça pourrait même engendrer des sentiments négatifs de votre enfant à votre égard. « Pourquoi maman me punit pour me prendre dans ses bras juste après ? ». « Si c'est ainsi, elle doit peut être le faire car elle est fâchée ? Je peux donc le faire moi aussi quand je suis énervé ». « Mais au fait, c'est vraiment injuste alors ce qu'on me fait ». « Comment on peut en l'espace de 20 minutes me punir sévèrement, me faire des câlins et ensuite me libérer comme si de rien d'était… »

Votre enfant doit absolument comprendre que la punition sert exclusivement à son éducation et paradoxalement, vous ne pouvez le lui montrer qu'en séparant les deux moments. Dans le premier, vous êtes fâché contre son attitude (pas contre lui) et vous le punissez exclusivement pour cela, d'où l'importance des paroles avant, pendant et après la punition. Pendant la punition, et quand il aura mal, il se rappellera de vos câlins et se dira « mon parent m'aime bien, donc ça doit être mes bêtises qui me valent ça ».

Donnez autant de câlins et de tendresse que vous pouvez. Votre amour inconditionné rassure votre enfant à tout âge.

Vous remarquerez d'ailleurs qu'il essaiera de demander des câlins pendant la punition… Je pensais personnellement que c'était pour, entre autres choses, amadouer son parent et arrêter la punition, mais je pense qu'il le fait aussi pour s'assurer qu'on l'aime bien encore et toujours. Excellent signe puisqu'il s'est bien rappelé de vos câlins. Maintenant que vous êtes rassuré, n'y cédez surtout pas.

Dans le second moment, vous êtes câlins avec votre enfant. Profitez-en et donnez-lui autant que vous pouvez, sans modération. Vos caresses et bisous rassurent votre enfant dès ses premiers jours. Une assurance nourrie tous les jours par un amour fort et inconditionnel. Il en comprendra mieux l'inconditionnalité au réveil de son premier largage par son premier amour.

Pendant ces moments, pensez à lui rappeler le pourquoi de sa dernière punition. Ça l'aide à bien séparer les deux choses et à comprendre que amour et punition ne sont pas mutuellement exclusifs, l'un n'exclut pas l'autre. Pendant ce moment, repérez bien son attitude. S'il vous prend dans les bras, c'est bon, tout est compris. S'il râle un peu, continuez à expliquer, mais s'il s'éloigne sans vous regarder, c'est un mauvais signe. Il faudra donc insister sur cet aspect à chaque fois, sans pour autant céder. On sait que tous nos enfants n'ont pas le même caractère, donc laissez-lui le temps d'accepter que le câlin n'évite pas la punition que celle-ci n'annule pas le premier.

L'objectif est que très rapidement, l'enfant se retourne contre lui même quand il est puni. « Mes parents m'ont puni en m'expliquant pourquoi, et je sais par ailleurs qu'ils m'aiment beaucoup, donc le problème doit surement venir de ce que j'ai fait, il faudra que je fasse plus attention la prochaine fois ».

Tout le mécanisme décrit plus haut tombe à l'eau si maman ne donne pas d'amour à son enfant. C'est parfois pas de sa faute, n'ayant pas reçu trop de câlins étant enfant. Je n'ai pas encore trouvé la logique sous tenante ; certaines mères, privées de câlins étant enfants, deviennent trop câlines alors que d'autres font subir à leur enfants la même privation vécue, sans s'en rendre compte. Franchement, je ne sais pas comment corriger ce déséquilibre chez l'enfant car rien ne remplace l'affection de la maman !! J'en parlerai plus loin.

8.6. Appréhender sa Colère

En abordant ce sujet, j'ai d'abord essayé de comprendre si la colère est un processus « normal » chez l'enfant ?

Tout à fait et ce, dès son plus jeune âge. L'enfant découvre assez vite ce processus qu'on a coutume de dire relève de son caractère. Ceci suggèrerai qu'on nait avec ou du moins que sa cause première est en nous à la naissance.

> **Tout être humain arrive au monde avec une conscience de soi et fierté qui l'accompagne. On l'appelle la Dignité.**

J'ai bien cherché son origine dans tout autre recoin de la psyché humaine, est-ce un résultat d'un processus primaire ? A quoi il sert ? D'où vient-il ?

Voici la seule réponse que j'ai trouvée : Tout être humain arrive au monde avec une conscience de soi dès la naissance et une ferté qui l'accompagne : on l'appelle communément la DIGNITE humaine. Votre bébé a une forte conscience de lui-même et n'aime pas l'humiliation dont on a parlé plus haut. Ce n'est pas un simple processus d'auto-préservation, c'est une composante primaire dans sa psyché qui va évoluer avec le temps. On l'appelle aussi « Estime de Soi », à ne pas confondre avec « Confiance en Soi ».

La colère se déclenche en effet pour faire face à la violence de l'incapacité à se défendre. C'est uniquement lorsqu'on se sent incapable de résoudre un problème, parfois très simple ou qu'on ressente une forte injustice que notre colère se manifeste. Dans le cas des enfants, on l'observe durant un simple jeu de lego ou lors d'une bagarre de récré.

On sait tous que la colère décuple les forces physiques chez les humains, il faut donc lui apprendre à la contrôler déjà très jeune. Plus tard, la colère deviendra quasiment synonyme de forte injustice ou de manque de confiance en soi. Dès son jeune âge, il faut apprendre à votre enfant que la colère est un processus qui le protège lors des injustices, il est initialement fait pour lui donner un à-coup de courage pour y faire face et doit donc être laissé en dernier ressort.

Plus tard, la colère deviendra quasiment synonyme de forte injustice ou de manque de confiance en soi.

Dans cet aspect, l'enfant suivra surtout ce qu'il observera autour de lui. Il calquera son comportement surtout sur celui de ses parents. Donc faites toujours en sorte que vos colères de la vie courante soient en dehors de la présence de vos enfants. Mais gardez bien celles lors des punitions. Ça dit à l'enfant : « je suis en colère à cause de ton attitude qui me blesse et que je ressens comme une injustice à mon égard ».

Je ne pense pas qu'il faille apprendre à votre enfant de contrôler toutes ses colères, mais il faut qu'il prenne rapidement conscience de ce qui suit :

- La colère est un processus naturel fait pour le protéger en cas d'agression,
- Il faut apprendre à contrôler sa colère très tôt, par petits rappels, surtout lors de colères gratuites pendant les jeux,
- Il y a des moments où on peut laisser sa colère s'exprimer, ça défoule et ça fait ressortir les petites injustices, à guérir tout de suite, avant que ça ne se transforme,
- On peut très bien être en colère sans pour autant être violent,

Progressivement, il faut lui faire prendre conscience que la colère et la violence qui en résulte est le langage du manque de confiance en soi.

8.7. De la Colère à l'Agressivité

L'agressivité « normale » chez l'humain commence généralement après une bonne colère, elle-même provenant d'une humiliation ou d'une injustice. Ne sachant pas encore l'impact des mots sur la psyché, l'enfant utilise son physique pour se défendre ou pour agresser. Cette période coïncide aussi avec la découverte par l'enfant de ses capacités physiques et de ce qu'il peut en faire.

Si un enfant est injustement agressé à l'école, le fait de lui systématiquement interdire de se défendre est une connerie monumentale. Il vaut mieux qu'il se défende, quitte à ce qu'il soit puni par la suite. La société devrait à mon avis interdire l'usage de la violence, mais pas le droit de se défendre dans un contexte où les responsabilités sont difficiles à prouver.

Systématiquement interdire à votre enfant de se défendre quand on l'agresse est une connerie monumentale.

Franchement si c'est mon enfant qui est agressé, je lui dirai de répondre quitte à être puni par la suite. Laisser le donner au moins un coup pour avoir une justification face à sa dignité ; celle-ci finira un jour par lui réclamer « espèce de lâche, pourquoi tu n'as pas répondu ? ». Même si la bagarre est disproportionnée, l'important n'est pas de gagner, mais de montrer à cette « dignité » qu'il a fait quelque chose. Il vaut mieux se reprocher d'être faible que de se sentir lâche. Il est facile de corriger la faiblesse mais une fois ancrée, le sentiment intérieur de lâcheté va consumer toute cette forte conscience de soi, cette dignité.

Donc autant que parents, ne dites surtout pas « tu ne tapes en aucun cas », mais dites plutôt : « si tu es injustement agressé, tu as le droit de te défendre ». Bien sûr, un enfant intelligent viendra jouer avec cette nuance pour réclamer l'abolition de l'interdiction de la violence, mais tenez bon et expliquez bien le pourquoi. Ainsi, même s'il ne tapera pas, au moins il se protègera des coups les plus durs. Cela dit, surveillez bien son comportement vis-à-vis des agressions. L'éducation est un processus itératif qui demande toujours réglages et corrections.

Maintenant, parlons de l'agressivité que je n'hésite pas à qualifier de pathologique, celle qu'on appelle aussi « l'agressivité gratuite », c'est-à-dire qui n'est pas déclenchée par une menace ou une agression extérieure.

C'est cette agressivité qui focalise en général l'attention de tous : parents, instits, psy de l'école... Elle est en effet pathologique parce qu'elle ne vient pas en réponse à une agression, mais généralement comme un moyen « comme un autre » pour l'enfant d'obtenir ce qu'il veut. L'enfant n'hésite pas à agresser son copain juste pour un jouet, pas seulement le bousculer un peu, mais le taper ou le griffer.

Les agressions gratuites viennent d'une injustice. L'enfant agresse en se disant que c'est normal, on me fait ça tous les jours !!

Généralement, cet acte, qui donne droit à une punition, peut ou pas s'accompagner de remords de la part de l'enfant. Et c'est toute la clé de sa compréhension. Si vous percevez des remords, alors le processus n'en est qu'à son premier stade, l'enfant le décrierait comme « une explosion de quelques chose qui fait mal à l'intérieur ». L'enfant vit alors sans doute une injustice qu'il va falloir élucider. Elle est généralement liée à une agression qu'il perçoit comme injuste de la part de parents ou de copains. Ne cherchez pas très loin, nous sommes bien en présence de parents violents ou d'un enfant bouc émissaire.

Si cette agression continue et devient régulière, on passe à la phase quasi-irréversible ou l'enfant finira par se dire : « après tout, on m'agresse régulièrement sans raison, donc je peux très bien le faire aux autres moi aussi ». Malheureusement, on n'arrive à ce stade qu'avec des parents agressifs, car l'enfant bouc émissaire ne dure généralement pas longtemps.

Je dirai même que pour que ça devienne aussi grave, l'agression en question s'est opérée très tôt chez l'enfant, généralement de un et quatre ans. A cet âge, les moqueries des enfants ne sont pas si agressives que cela et les enfants sont bien entourés en collectivités.

Donc un enfant agressif gratuitement est obligatoirement un enfant victime d'une grave injustice. La violence de cette injustice est tellement grande qu'il risque de la reproduire quand il sera adulte.

Rappelez donc à nos politiciens que les pédophiles et les violeurs ne doivent jamais être remis en liberté car ils récidiveront.

8.8. Vos Problèmes Quotidiens

Observons la scène : papa vient de rentrer après une dure journée au boulot et ne pense qu'à se reposer. Il est fatigué et surtout très en colère. Dès qu'il a mis les pieds à la maison, il partage tout avec maman et surtout vide son sac non sans colère. Entre temps, son petit de quatre ans vient lui dire bonsoir et réclame un câlin, et là… sans même se rendre compte, le père repousse son enfant en lui disant : pas maintenant mon chéri, je suis très fâché ; pas avec toi bien sûr, mais avec d'autres personnes au travail.

> **Faites attention à vos gestes et paroles quand vous êtes stressé. Ne repoussez jamais une demande de câlin.**

Même avec cette douce explication, ce papa vient de commettre une grave injustice… qu'il pourra bien sûr réparer si elle n'est pas répétitive.

Ne rejetez jamais une demande de câlins de votre enfant, sauf pendant les punitions. Ça le marquera parce qu'il ne comprend pas et ne comprendra jamais le pourquoi. Pensez-y calmement et vous verrez que c'est parfaitement logique.

Ce que je viens de décrire est encore pire avec les mamans. On conçoit que certaines ne sont pas « très câlines » par nature, mais loin de tout discours antiféministe, c'est de vos câlins que l'enfant a le plus besoin et votre psyché est bien plus adaptée à ce besoin que celle de papa. Si vous n'en ressentez pas l'envie (et ça peut arriver aux enfants de mamans pas trop câlins !!), faites un minimum pour lui et ne le privez pas de ce dont vous avez été privé.

8.9. Soyez Vigilants aux Injustices Extérieures

Toutes les injustices ne sont pas forcément mauvaises. Vous avez remarquez que nous n'avons toujours pas défini cette injustice. A vrai dire, il ne sert à rien d'aller fouiller dans les bouquins de philosophie du droit. L'injustice dont on parle à ce stade de l'enfance est celle que l'enfant ressent comme telle. Parfois il le dira mais la plupart du temps, il l'exprimera en devenant colérique et agressif.

> **Agressivité gratuite, colère et/ou renfermement sont les signes d'une grave injustice que l'enfant est en train de subir.**

Je crois personnellement que rien n'est irréversible à cet âge dans la personnalité de l'enfant, mais la violence de certaines choses peut marquer à vie si elle n'est expliquée et évacuée à temps. Donc soyez vigilant à ce qui se passe à l'école et dans la rue, surtout celles qui viendraient d'enfants plus âgés ou d'adultes.

Le seul type d'alerte est l'apparence de l'agressivité chez votre enfant. Je parle bien d'agressivité gratuite et non celle provoquée lors de jeux ou autres. L'agressivité qui viendrait vous surprendre ou vous étonner. On parle bien sûr aussi de l'enfermement, surtout après l'âge de 6 ans, mais l'enfermement à lui seul ne suffit pas. Essayez de venir forcer un peu cet enfermement et voyez la réaction. En insistant un peu, vérifiez qu'elle ne devient pas agressive, par rapport à ses réactions habituelles.

Si vous sentez que c'est le cas, alors il faut agir sans attendre. J'ai bien dit « sentez » car votre feeling et l'instinct parental sont important pour détecter ce genre de choses.

Selon le tempérament de votre enfant, il reconnaitra plus ou moins facilement ce qui s'est passé. N'oubliez pas qu'il s'agit d'humiliation, donc soyez patient. Commencez par bien souligner le caractère absolu de sa dignité. Aucun évènement dans la vie ne peut la lui prendre.

Apprenez à pousser votre enfant pour qu'il avoue une injustice, dont il a généralement honte, et c'est tout à fait normal.

Il est né avec et la gardera jusqu'à la fin de sa vie. Attention à ne pas parler de « nécessité de réagir devant les évènements », il se sent peut être fautif car il a manqué de courage au moment en question.

N'hésitez pas à parler encore et encore de généralités et de principes. Ne donnez pas d'exemples tant que vous ne savez pas de quoi il s'agit. Confirmez lui que ce qui s'est passé, aussi horrible soit-il, ne diminuera rien de sa personnalité et son être.

Parlez des gens méchants dans ce bas monde, parlez de la nécessité d'avoir peur pour un jour avoir du courage, parlez de la préexistence de la peur en chacun d'entre nous, réveillez son sentiment de vengeance (temporairement), vous le calmerez plus tard.

Ce qui est crucial c'est de bien souligner le caractère extérieur à son histoire et qu'elle aurait eu lieu indépendamment de sa réaction. Les gens sont méchants statistiquement et ce n'est en aucun cas de sa faute.

Une fois qu'il vous a dit de quoi il s'agit, il faut le rassurer et tout faire pour sauver sa confiance en lui-même.

- Pour les agressions physiques d'enfants du même âge, il faut le bousculer un peu pour qu'il réagisse,
- Pour les agressions physiques d'enfants plus âgés, c'est l'affaire des papas et mamans d'assurer sa protection,
- Idem pour les agressions de la part d'adultes,
- Enfin s'il s'agit d'une agression sexuelle, il faut absolument demander de l'aide à des pros et se faire accompagner.

8.10. Riposte au moins par un coup !

Quoi qu'il en soit, apprenez-lui à se défendre en cas d'agression physique. Donner un seul coup préservera sa confiance en lui-même, quitte à ce qu'il se fasse « casser la gueule ». Les bénéfices psychiques de ce coup sont bien plus importants que le mal occasionné par d'éventuels coups supplémentaires.

D'ailleurs, quand il le fera, il viendra vous en parler comme un exploit. Il a su préserver sa dignité en donnant ce coup, même s'il en a subi bien d'autres par la suite.

Donc pitié, ne lui rabâchez pas : « Tu n'agresseras jamais personne, même s'il a commencé ». C'est valable pour les petites et moyennes sections de maternelles et encore !! Bien sûr, on fait tous la même chose devant les éducateurs et instituteurs, on leur demande de ne jamais se faire justice eux-mêmes et de toujours reporter l'agression à la maitresse.

Alors voici mon conseil :

- Si votre enfant est agressif, il faut d'abord résoudre son problème et le sevrer, ça prendra bien du temps car il est surement victime d'une injustice quelque part. Donc ne le poussez pas à répondre.

- Si votre enfant est normal, donnez-lui le conseil de répondre au moins par un coup par petites répétitions à la maison ou quand il joue au parc, jamais à l'école. Il se rendra bien compte que c'est hypocrite, mais il ne questionnera personne sur le sujet, il le fera c'est tout.

- S'il a déjà subi une agression, alors insistez, quitte à le gronder... il vous remerciera plus tard...

8.11. Synthèse

- L'origine de toute injustice commise dans la vie de l'homme est une injustice subie.

- Se sentant trahi par ses plus proches, l'enfant finit par se dire « Si on m'a fait ce mal, alors j'ai le droit de le faire aux autres ».

- Ne soyez jamais injuste envers votre enfant et surtout ne l'humiliez jamais. L'humiliation engendre la haine.

- Votre enfant mémorise les injustices. Pour bien les identifier, mettez-vous à sa place. Si vous n'aimez pas, ne le faites pas.

- Mais pourquoi est-ce qu'un enfant est aussi sensible à l'injustice et à l'humiliation ? C'est simplement que tout humain nait avec un fort sentiment de Dignité et d'Estime de Soi. C'est la preuve de la conscience de soi de tout enfant.

- La haine enlève toute référence et toute limite et l'enfant finit par errer sans aucun repère.

- Ne lui faites pas de câlins après la fessée ; cela remet en cause la légitimité de la punition et fait oublier son objectif.

- Donnez autant de câlins et de tendresse que vous pouvez. Votre amour inconditionné rassure votre enfant à tout âge.

- La colère est le dernier recours que la nature a donné à l'homme pour recouvrir sa dignité. Plus tard, la colère deviendra quasiment synonyme de forte injustice ou de manque de confiance en soi.

- Systématiquement interdire à votre enfant de se défendre quand on l'agresse est une connerie monumentale. Donnez-lui au moins le droit de se défendre. Riposte au moins par un coup.

- Les agressions gratuites viennent d'une injustice. L'enfant agresse en se disant que c'est normal, on me fait ça tous les jours !!
- Faites attention à vos gestes et paroles quand vous êtes stressé. Ne repoussez jamais une demande de câlin.
- Agressivité gratuite, colère et/ou renfermement sont les signes d'une grave injustice que l'enfant est en train de subir.
- Apprenez à pousser votre enfant pour qu'il avoue une injustice, dont il a généralement honte, et c'est tout à fait normal.

9. Œdipe : Fin de Règne

9.1. Sexualité Enfantine

Ce sujet si sensible reste si fermé à la modélisation. On sait pourquoi. On refuse tous de faire des expérimentations sur nos enfants, ce qui est tout à fait juste, pour nous et pour eux. Je pense que des observations attentives suffisent pour esquisser une idée sur la fameuse sexualité enfantine.

Je ne vais pas faire une revue bibliographique sur le sujet, mais je ne peux éviter de citer les travaux de Freud. Son analyse est trop simpliste et uniquement motivée par un argument marketing. Choquez les gens et vous aurez au moins leur attention. Parlez leur d'un soi-disant complexe d'œdipe et faites en une école. Non monsieur, comme la plupart des hommes saints d'esprits dans ce bas monde, mon inconscient ne me pousse pas à tuer mon père pour disposer de ma mère (aussi symbolique que soit votre connerie) et ma libido n'est en aucun cas le moteur de ma vie.

L'enfant avant la puberté n'a simplement pas de sexualité, sauf abus qui lui ferait découvrir ce domaine trop tôt.

L'enfant avant la puberté n'a simplement pas de sexualité, sauf abus, qui lui ferait découvrir ce domaine bien trop tôt. La définition du terme « sexualité » est bien sur centrale. L'enfant éprouve des sensations physique (caresses, câlins, baisers, succion..), mais cela ne le pousse pas à chercher l'acte de la pénétration avec sa verge.

Avant la puberté, la sexualité, si vous tenez à utiliser le mot, n'est que curiosité et plaisirs simples, exclusivement corrélés avec le coté émotionnel. On est loin des sensations orgasmiques, avec libération d'hormones donnant un grand bien être, des amphétamines quasiment assimilés à de la drogue. Pensez-vous que le corps d'un enfant puisse supporter cela ? Il est encore bien fragile pour les encaisser.

9.2. Zones Erogènes

Dès son jeune âge, l'enfant sait que son principal plaisir physique vient du toucher. On sait que les enfants (pas tous) adorent les câlins et les caresses, pas obligatoirement dans des zones, plus que d'autres.

Sauf abus, rien ne vient stimuler les zones érogènes chez l'enfant, garçon et fille. Dès l'âge de la différentiation du sexe, masculin et féminin, le garçon découvre cet organe qui dépasse et qui ne sert qu'au pipi. La fille, elle, aura du mal à voir son clitoris (encore moins son vagin) et à s'en constituer une image. Mis à part quelques jeux de séduction ou de curiosité, la découverte de ses organes n'introduit rien de nouveau dans le plaisir physique. Bien sûr, cette différentiation est centrale dans la psyché de l'enfant, plus par la différentiation des rôles que leur réserve la société qu'autre chose.

Plus tard, à l'école et ailleurs, le garçon continuera à jouer avec son pénis de temps à autre, mais cela n'engendrera aucun résultat « d'ordre sexuel », sinon il en deviendrait dépendant très vite. En ce qui concerne la fille, ce côté sexuel est inexistant, ne pouvant pas « jouer » avec ses organes.

Maintenant, vous avez tous remarqué que parfois le matin au pipi, votre garçon semble « en érection » très vigoureusement. N'en soyez pas surpris, son organe s'entraine et grandit par ces « érections ». Je ne pense pas que les organes des filles aient besoin d'entrainement, ni le clitoris ni le vagin, mais je soupçonne un travail du coté de ses organes internes, utérus et ovaires, principal siège de l'orgasme féminin (on en reparlera en détails dans un autre livre).

Une fois que la psyché de l'enfant est prête, qu'il a appris à maitriser ses émotions et a découvert la raison, la nature peut donc déclencher ce processus « violent » chez lui. Il lui faudra le maitriser pour bien vivre en société.

Tout ce qui peut vous paraitre d'ordre sexuel chez un enfant ne relève que la découverte et de la curiosité.

Bien avant sa puberté, l'enfant a déjà fait le rapprochement « géométrique » simple : j'ai un organe externe, tous les plaisirs physiques que j'ai relèvent du toucher et donc il faut bien toucher cette zone pour voir si elle apporte quelque chose. Instinctivement, le garçon sait que cette verge doit bien rentrer quelque part pour prendre du plaisir. Et c'est en essayant différentes méthodes (je vous passe les détails, parfois folkloriques) qu'il aura sa première éjaculation.

Maintenant, la fille est bien loin de cela. Elle apprend sa puberté par un évènement « sanguinaire » qui lui fait bien peur et mal aussi : ses premières règles. On est tous d'accord qu'elle ne découvrira son plaisir vaginal qu'avec son premier rapport avec un garçon. Je ne ferai pas de commentaires si la télé ou internet apprennent aux filles de 12 ans à stimuler leur clitoris.

9.3. Quelques Conseils & Remarques

- Appuyez bien la différentiation sexuelle entre filles et garçons. On sait tous que c'est aussi lié à leur rôle social et à ce qu'on attend d'eux plus tard. Je ne veux pas rentrer dans des débats stériles, mais ça sera à vous d'inculquer à votre enfant la place qui est la sienne dans la société. Ne vous y trompez pas, garçons et filles dont différents, alors ne forcez pas l'un dans un rôle qui n'est pas le sien.

- Tout ce qui vous paraitra comme jeu sexuel, n'est en effet qu'un jeu de séduction et/ou curiosité. N'en faites pas tout un plat avec votre enfant, sauf si vous remarquez que ça revient souvent.

- Lors de la douche, éviter de vous attarder sur les zones érogènes.

- Expliquez à vos jeunes enfants que les zones érogènes relèvent aussi de leur dignité et qu'on ne peut les exposer en public.

- Quitte à choquer encore une fois, les recettes de grands-mères marchent encore : vous pouvez très bien raconter une histoire qui fait peur au garçon et à la fille, dans le cas où ils toucheraient à leurs zones érogènes. Nous vous en faites pas trop, quand ils seront prêts, l'intensité de la première éjaculation leur fera oublier votre histoire !!

- Appuyer bien le fait que ces zones érogènes sont leurs « propriété exclusive » et que personne n'a le droit de les toucher. Si ça arrive, il faut le signaler rapidement. Mettez votre discours dans une histoire à l'ancienne ou alors procédez par petites répétitions, surtout lors des douches ou habillages.

- Et surtout sans qu'il s'en rende compte, faites toujours en sorte d'inspecter les zones érogènes de vos enfants lors des douches. S'ils sont victimes d'un quelconque abus, ça se verra.

- Aussi, si vous décelez un nouveau comportement bizarre, n'hésitez pas à bien observer pour faire un diagnostic. Si ça se répète, ça ne peut plus relever de la curiosité.

- Je n'ai franchement pas envie de vous parler des fameux « stade oral » et stade « sadique anal » tellement l'explication avancée, avec toute sa symbolique me dégoute. Bien entendu, les adeptes des théories qui ne sont pas de vraies sciences humaines vous diront : « ah si ça vous dégoute, c'est que vous avez eu un problème lors de votre enfance... ». Telle est la stratégie des systèmes fermés sur eux-mêmes : on vous culpabilise si vous refusez.

- Un seul argument me parait clair et sans ambiguïté : leur histoire de plaisir sexuel par contrôle des sphincters dégoute absolument tout le monde. Alors qu'ils ne viennent pas se cacher derrière un fourre-tout, appelé inconscient, régi uniquement par ce qu'ils en disent eux !!

- Enfin, vous l'aurez compris, gardez-vous de lire celui qui affirme que vous avez tous désiré vos mères au lit... Je vous réponds d'ailleurs que personne ne l'a fait et c'est normal. Le reste n'est qu'une sordide affaire de marketing.

10. Conclusion

Si le métier de parent est le seul pour lequel on ne reçoit pas de formation formelle, c'est que les bases sont en nous. Dans des temps pas si lointains, on pouvait compter sur la famille et la société pour nous épauler, mais depuis que l'individualisme est devenu religion, chaque petite famille se trouve vite isolée et les parents ne savent pas quoi faire quand ils voient un de leur enfant dévier du droit chemin. Bien sûr, on leur recommande de consulter des spécialistes hors de prix, qui après tant de consultations finiront par leurs dire « sans l'aide des parents, nous professionnels, on ne peut rien faire », phrase qui pousse les parents au plus profond désarroi « mais madame, j'ai suivi tout ce que vous m'avez dit à la lettre et ça n'a rien donné ». Et les reproches fusent des deux côtés.

Quand on voit un enfant bien concentré, on se dit « qu'est ce qui peut bien se passer dans sa petite tête ? ». Je pense qu'on devrait se poser la même question quand il désobéit ou quand il refait la même bêtise sous nos yeux. C'est entre autres à cette question que j'ai essayé de répondre à travers ce livre que j'espère n'est pas trop théorique. La réponse est cruciale pour les parents parce qu'ils ont essayé beaucoup de recettes qui n'ont rien donné et pour les professionnels qui continuent à utiliser un modèle psychanalytique absurde, ridicule et révolu.

Comment est-ce que notre enfant réfléchit et décide ?

Même si j'ai introduit les différents processus un à un, vous imaginez bien que chez nos enfants, et chez nous adultes aussi, ils se bousculent et interagissent en permanence. J'ai utilisé le terme Psychologie Première en référence aux nombres premiers qui servent à construire tous les nombres de l'arithmétique. J'ai donc écarté tout ce qui m'a paru superflu pour in fine trouver les moteurs principaux. Ces moteurs sont d'ailleurs en évolution permanente, avec certaines transitions critiques. La transition de la balance se fait en premier pour donner l'orientation morale et ensuite, viendra le choix entre le rêve et le superficiel.

La nature étant bien faite (j'ai dû l'écrire cent fois !!), le moteur du rêve s'avère bien plus puissant que celui primaire de l'Ego+, d'abord pare qu'un rêve nous sert en premier mais surtout parce que l'Ego+ est un processus qui fonctionne à court terme. Il ne cherche que les satisfactions faciles et immédiates. Vous le voyez à l'œuvre chez les superficiels qui ne pensent qu'à s'amuser à court terme et qui finissent par se lasser de tout. Vous l'expérimentez aussi quand vous sermonner votre ado sur l'importance d'avoir un objectif dans sa vie et de penser à son avenir. Comment voulez-vous qu'un gâté pense à long terme quand il a toujours obtenu ce qu'il voulait facilement et rapidement ?

« Ne détruisez pas votre enfant avec votre propre argent ». J'espère que maintenant cette phrase vous parle et ne demande plus d'explications supplémentaires.

Pour ce deux processus, la balance et le rêve, vous pouvez les orienter avec deux leviers : la peur et la privation. Comme déjà présenté, le chemin est lui très lié à la notion d'apprentissage. Il cherche surtout à orienter votre enfant pour qu'il ne tombe pas dans les questions métaphysiques auxquelles il n'est pas préparé. Votre levier pour le chemin sont les limites et les interdits, appuyés si besoin par la peur. Mais d'où viennent ces questions métaphysiques ? Pour répondre, j'ai envie de dire : « demandez aux adultes ». Réfléchissez bien, c'est parfaitement logique. Vous êtes né, largué dans ce bas monde, ne sachant quoi faire ni à quoi vous servez. Au lieu de perdre la tête à y réfléchir étant enfant, la nature vous en évite les souffrances et vous vous laissez totalement guidé par vos parents qui vous protègent et vous montrent le chemin, sans même vous dire pourquoi. La nature vous évite de sombrer dans ces sujets qui engendrent une grande angoisse chez les enfants et les adultes. Mais comment ? En vous évitant d'avoir à choisir.

Les petits ont tant de mal à choisir, on le sait tous. J'ai été étonné la première fois où j'ai dit à mon fils de choisir un jouet et un seul. « Tu as droit à un jouet et un seul et il faut que le prix ne soit pas fait de trois chiffres, c'est-à-dire inférieur à 100 Euros ». Après m'avoir fait le coup des centimes, voilà ce qui s'est passé dans le magasin que vous connaissez tous par cœur. Il part partout, il choisit des grosses voitures téléguidées, un hélico qui vole, un bateau qui navigue, des petits robots... Ah je me suis dit, il fait une première pré-sélection ensuite il choisira. Eh bien non. Il est resté là à hésiter pendant 20 minutes et je vous assure que ça le travaillait tellement qu'il en était perturbé. Ensuite je lui demande de se presser, que fait-il à ma grande surprise ? Il va directement choisir une série de 10 voitures miniatures qu'il connait bien à cinq euros.

Et quand je lui ai demandé quel grand jouet il prendrait avec, il m'a dit que non, il n'en voulait pas.

Faites le choix pour vos enfants, ça les rassure.

Imaginons maintenant la scène de l'enfant sans repères faisant ce qui lui passe par la tête à la récré. On dit qu'il est perdu et qu'il en souffre. Oui, c'est parce qu'il ne sait pas choisir. Il n'a pas l'âge de choisir car son intellect n'est pas encore tout à fait au point, il n'arrive pas à le fixer sur un choix précis et c'est ce tâtonnement qui le fait souffrir car il passe par des zones sombres du « je ne sais pas, je n'en ai aucune idée » et « ça me fait peur ». Ce sont les abysses métaphysiques dont je vous parlais.

Vous lui rendez un grand service avec vos interdictions parce que ça lui évite d'avoir à choisir.

Bien entendu, ces interdictions doivent être régulières et cohérentes. Votre enfant est un fin psychologue. Il sait quand tester les limites et il lit dans votre état psychique. Si vous êtes fatigué, il sait comment faire pour obtenir ce qu'il veut, ou si vous avez des invités ou êtes invités. Faites toujours appliquer les mêmes règles et des punitions en croissance, sinon vous perdrez la partie.

Punissez votre enfant avec justice. Nous avons tous eu des châtiments corporels étant enfants et ça n'a pas fait de nous des psychopathes.

Justice. S'il y a bien un terme à garder en permanence à l'esprit, c'est bien celui-ci. Etre juste du point de vue de l'enfant, c'est être cohérent. Tu as une telle punition pour tel acte. Pour un acte plus grave, une punition plus importante. Tu récidives, encore plus importante. Faites-vous une échelle et respectez là. Et pour l'amour du ciel, ne le punissez pas en dehors de ces règles. Si vous le faites sans raison ou parce que vous êtes énervé, ça va le marquez. Je vais même vous dire comment. Rappelez-vous votre premier chagrin d'amour, à l'époque où vous l'avez vécu. Rappelez-vous combien vous en avez souffert… vous y êtes ? Et maintenant imaginez une relation bien plus profonde que votre premier amour, c'est celle avec vos parents : vous les aimez et vous leur faites confiance. Ce sont en effet eux notre premier amour. **Un mot, un geste ou une punition injuste et c'est la trahison qui lui déchire le cœur.**

Lorsque je me suis penché sur le sujet des agressions gratuites de certains enfants, j'ai bien compris qu'ils reproduisaient des schémas d'injustice qu'ils sont en train de vivre, car lorsque vous leur brisez le cœur, ça introduit une énorme incompréhension ingérable, et lorsque c'est répétitif, ça fait naître la haine, une haine irréversible et destructrice. Donc soyez juste et quand vous ne savez pas, laissez-vous guider par votre cœur, il vous dira où est le choix juste.

Enfin, vous avez déjà remarqué que tous les processus dont on a parlé sont bien plus importants et plus puissants que la sexualité ou la libido. Je ne me suis pas attardé sur le sujet pour dire la petite place qu'elle tient dans notre psyché. Dans celle des enfants, elle ne tient en effet aucune place.

Sauf abus, votre enfant ne possède pas de pulsions sexuelles actives. Elles sont là quelque part dans son corps, bien endormies et rien ne le pousse à rechercher le plaisir sexuel tel qu'on le définit chez les adultes. Il prend du plaisir à manger, à nager, au toucher, à sucer son pouce, mais ça ne réveille en aucun cas un quelconque processus dans les zones érogènes.

Donc n'en faites pas tout un plat. Une fois qu'il a assimilé la différentiation garçon/fille, la vieille méthode du « tu es encore jeune pour parler de ça » suffit largement avant les six ans. Insistez sur le fait que ces zones sont leurs propriétés exclusives et que personne n'a le droit de les toucher.

Et si vous voyez une tendance agressive nouvelle, jetez un coup d'œil sur ces zones pendant la douche sans effrayer l'enfant. La violence à cet âge provient d'une violente injustice et l'abus sexuel sur enfant est la pire des injustices sur cette terre. En cas de doute, n'hésitez pas à vous faire aider.

Soyez vigilant mais n'en faites pas tout un plat. Avant 6 ans, et sauf abus, la question sexuelle ne se pose pas chez l'enfant.

Ce livre est une invitation à la réflexion plus qu'un essai théorique ou un recueil de conseils. Vous élevez votre enfant tous les jours et vous êtes le mieux placé pour savoir qui il est et ce qu'il veut. Ce livre vous donne un modèle simple pour mieux le comprendre et essayer de corriger sa trajectoire. Certains diront que mes suggestions sont d'une ère révolue, mais je les mets au défi de me prouver que ça ne colle pas théoriquement et que ça ne marche pas pratiquement.

Vous avez uniquement trois processus que vous pouvez orienter chez votre enfant : Balance et Chemin et Rêve. Vous agissez sur la balance avec la Peur, sur le chemin avec les limites et les interdictions et sur le rêve avec la privation. On me relisant, on dirait un exercice de torture pour ce malheureux enfant. Peur, Interdiction et Privation, quel trio !! N'oubliez pas que vous agissez uniquement sur les freins et les tendances à la facilité, c'est forcément désagréable. Tout est une question de mesure et de timing.

On vous a toujours dit « Si vous aimez votre enfant, ne lui donnez pas ce qu'il veut », maintenant vous savez pourquoi.